Das *Bayern* Kochbuch

REGIONALIA

Das *Bayern* Kochbuch

REGIONALIA

Autorin: Katharina Uebel
Einbandgestaltung: Ghislaine Sassoing
Layout & Satz: T. Rinnenburger

Druck & Bindung: Reálszisztéma, Dabas
www.dabasinyomda.hu

Printed in Hungary 2009

ISBN 978-3-939722-26-7

Vorwort

Der Freistaat Bayern präsentiert sich im Süden Deutschlands in bilderbuchartiger, landschaftlicher Schönheit. Eine größtenteils intakte Natur, gesunde Luft und kultureller Reichtum sind sein Markenzeichen. Er ist ein Kleinod für Erholungssuchende und Freizeitsportler, welche die Vielfalt der Alpen, des bayerischen Waldes und vieler glasklarer Seen (Chiemsee, Königssee oder Tegernsee) genießen können.

Darüber hinaus ist Bayern natürlich auch bekannt für seine „gemütliche Lebensart" und gilt als Land des Bieres und des Weines. Bayerisches Bier, vor allem das Weißbier, ist bei Gästen aus aller Welt beliebt. 650 bayerische Brauereien stellen 40 unterschiedliche Biersorten her, und sogar eine Bayerische Bierkönigin repräsentiert seit 2009 Bayerns Bier im In- und Ausland.

Der bayerische Wein hat seine Heimat in Franken. Ungefähr 6.000 Hektar Weinberge und 7.000 Winzer liefern einige der besten Rot- und Weißweine in die ganze Welt. Zu den bekanntesten bayerischen Rebsorten gehören zum Beispiel Müller-Thurgau, Riesling und Spätburgunder. Natürlich wird der Frankenwein auch von einer Bayerischen Weinkönigin gepriesen. Sie wird seit 50 Jahren jedes Jahr ins Ehrenamt gewählt und gilt als Symbol für bayerische Weinkultur.

Des Weiteren bietet Bayern zahlreiche regionale Speisen für Feinschmecker und ist unter anderem berühmt für seinen Allgäuer Bergkäse, für seine Bayerische Creme, für seine Brezn und für seine Weißwurst. Diese und weitere bayerische Schmankerl, dazu gehören auch die Auszogne, der Bayerische Schweinebraten und der Bofflamot, werden in diesem Buch vorgestellt.

Es enthält 60 Rezepte zu typisch bayerischen Gerichten, verständlich erklärt und einfach in der Zubereitung, so dass Sie schnell zu einem „bayerischen Koch" werden können.

Aber nicht nur die bayerische Küche lernen Sie kennen. Dieses Buch liefert auch Informationen rund um die beliebtesten Spezialitäten, zu bayerischen Festen und zu den beliebten Bier- und Weinsorten.

Wir wünschen Ihnen viel Freude auf einer „Reise nach Bayern", die kulinarisch, kulturell und landschaftlich bezaubert.

Donau in Regensburg - Ostbayern

Brotzeit

Brotzeit

Die Brotzeit ist in Bayern eine Speise für zwischendurch. Dabei kommen bayerische Spezialitäten auf den Tisch. Dazu gehören unterschiedliche Brotsorten und andere Backwaren, vor allem die Brezn. Außerdem zählt zu einer Brotzeit ein Aufstrich, der aus Käse oder Quark besteht, zum Beispiel ein Kartoffelkäse oder eine Quarkcreme. Hinzu kommen Wurstbeilagen, beliebt sind der Leberkäse, der Pressack (gekochtes Schweinefleisch) und die Weißwurst.

Serviert wird die Brotzeit in bayerischer Tradition auf einem Holzteller und als Getränke werden wahlweise Bier, Mineralwasser und Obstsaft gereicht.

Damit Sie Bayerns Küche kennenlernen und bayerische Speisen selbst zubereiten können, haben wir für Sie auf den folgenden Seiten eine Fülle von bayerischen Rezepten zu einer schmackhaften Brotzeit zusammengestellt.

Wir wünschen Ihnen viel Spaß beim Ausprobieren der bayerischen Rezepte!

Eine typisch bayerische Brotzeit

Brezn

Für 4 Personen
Zubereitungszeit:
20 Minuten
Backzeit:
20 Minuten
Ruhezeit:
30 Minuten

Einkaufsliste
250 g Mehl
125 ml Wasser
1 Packung
Trockenhefe
½ TL Salz
10 g weiche Butter
30 g Natronpulver
350 ml Wasser
½ EL grobkörniges
Salz

Die Brezn ist ein Laugengebäck und fester Bestandteil der bayerischen Esskultur. Sie wird in allen Regionen Bayerns hergestellt und dient in der Regel als Beilage zum Bier, zum Leberkäse und zur Weißwurst.

Ihren Ursprung hat die Brezn im römischen Ringbrot, das damals zum Abendessen als Mahlzeit diente. Zur Entstehung der Brezn ist überliefert, dass aus dem Ring beim Backen irgendwann ein Arm hervorragte, der den Ring zu einer 6 formte, und aus dem Zusammenlegen zweier Sechser-Ringe soll die heutige Form der Brezn entstanden sein. Die Kruste der Brezn ist dünn, hat eine kastanienbraune Farbe und glänzt, während ihr Teig saftig, zart und hell ist. Die Brezn wiegt zwischen 50 und 250 g und wird meist mit grobkörnigem Salz bestreut serviert.

1.

Das Mehl, das Wasser, die Hefe, das Salz und die Butter in eine Schüssel geben und miteinander mischen.

2.

Ein großes Holzbrett mit Mehl bestäuben, den Teig auf das Brett legen und ihn in 6 Teile schneiden.

3.

Aus den 6 Teilen 60 cm lange Teigrollen formen, aus jeder Rolle einen handtellergroßen Kreis bilden, die überstehenden Enden zu eine Schlinge legen und herunterklappen.

4.

Die geformten Brezn mit einem Tuch abdecken und 30 Minuten an einem warmen Ort gehen lassen.

5.

Inzwischen das Natronpulver mit dem Wasser in einen Topf füllen und verrühren, das Wasser kurz aufkochen und auf mittlerer Temperatur sieden lassen.

6.

Die Brezn nach ihrer Ruhezeit kurz in die Natronlauge tauchen, anschließend mit einer Holzzange aus der Lauge nehmen.

7.

Die Brezn auf ein mit Butter gefettetes Backblech legen und mit grobem Salz bestreuen. Nach dem Laugen sollte man die Brezn möglichst schnell in den Ofen schieben, damit die leckere braune Kruste entsteht.

8.

Im vorgeheizten Ofen bei 200 °C die Brezn 20 Minuten backen lassen, auf Tellern anrichten und heiß servieren.

Griebenschmalz

Für 4 Personen
Zubereitungszeit:
10 Minuten
Bratzeit:
20 Minuten

Einkaufsliste
800 g Flomen
4 Zwiebeln
5 Körner Piment

1.

Den Flomen in Würfel schneiden, in einen Topf geben und bei mittlerer Herdtemperatur auslassen, bis die Grieben entstanden und goldgelb sind.

2.

Die Zwiebeln ungeschält waschen, kreuzweise einschneiden und zu den Grieben geben. Die Pimentkörner beimischen, das Gemisch in eine Pfanne füllen und solange braten, bis die Grieben die gewünschte Bräune haben.

3.

Das Griebenschmalz in eine Schüssel füllen, kalt werden lassen und servieren.

Kartoffelkäse

1.

Die Kartoffeln gut waschen, nicht schälen, in einen Topf geben und mit wenig Salzwasser zugedeckt 20 Minuten kochen lassen.

2.

Die Kartoffeln leicht abgekühlt, aber noch warm pellen und mit einem Stampfer zerkleinern. Den Frischkäse und den Schmand beimischen, bei Bedarf etwas Milch hinzugeben und den Käse zu einer streichfähigen Creme rühren.

3.

Den Schnittlauch waschen, in Röllchen schneiden und in den Käse mischen, ihn mit Salz und Pfeffer abschmecken, in eine Schale füllen und servieren.

Für 4 Personen

Zubereitungszeit:
10 Minuten
Kochzeit:
20 Minuten

Einkaufsliste

200 g Kartoffeln
Salz
100 g Frischkäse
3 EL Schmand
Milch
1 Bund Schnittlauch

Kren

Für 4 Personen
Zubereitungszeit:
15 Minuten

Einkaufsliste
200 g Sahne
40 g Meerrettich
8 TL Zitronensaft
1 TL Zucker
Salz

1.

Die Sahne in eine Schüssel geben und mit einem Mixer steif schlagen. Den Meerrettich schälen, mit etwas Zitronensaft abreiben, damit er nicht braun wird, und mit einer Reibe auf einem Brett zerkleinern.

2.

Den Meerrettich sofort mit der Sahne mischen, mit dem Zitronensaft, Zucker und einer Prise Salz würzen. Den Meerrettich in eine kleine Schale füllen und servieren.

3.

Wird der Meerrettich nicht aufgebraucht, kann er zugedeckt im Kühlschrank ein paar Tage lagern.

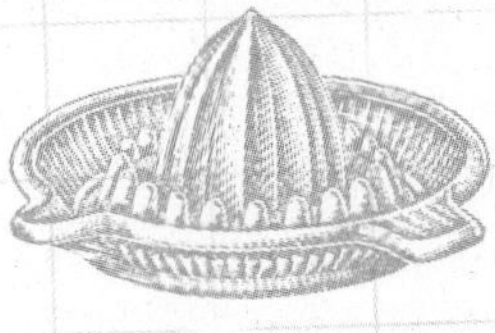

Obazda

1.

Die Paprika und den Schnittlauch waschen, das Kerngehäuse der Paprika entfernen, die Zwiebel schälen, alles in Würfel schneiden und in eine Schüssel geben.

2.

Den Romadur, die Butter und die 2 Eigelbe in die Schüssel dazugeben und alles mit einem Mixer pürieren. Das Ganze mit Salz und Pfeffer abschmecken, in eine Schale füllen und servieren.

Für 4 Personen

Zubereitungszeit:
15 Minuten

Einkaufsliste

1 rote Paprika
1 Bund Schnittlauch
1 Zwiebel
1 fetter Romadur-Käse
250 g Butter
2 Eier
Salz
Pfeffer

Radi

Für 4 Personen
Zubereitungszeit:
15 Minuten
Kochzeit: 2 Minuten

Einkaufsliste
500 g weißer
Rettich
Salz
200 g Blattspinat
2 Bund Petersilie
1 EL Parmesankäse
2 EL Mandel-
blättchen
70 ml Olivenöl
Pfeffer
Zitronensaft

1.

Den Rettich schälen, der Länge nach vierteln und in 3 mm dicke Scheiben schneiden.

2.

Den Rettich in einen Topf mit Salzwasser geben, das Wasser zum Kochen bringen und den Rettich eine Minute blanchieren, aus dem Topf nehmen, in ein Sieb geben, mit kaltem Wasser abschrecken und abtropfen lassen.

3.

Den Spinat und die Petersilie waschen, die Spinat- und Petersilienblätter von den Stielen zupfen, nacheinander in einen Topf mit kochendem Salzwasser geben und eine Minute blanchieren.

4.

Den Spinat und die Petersilie aus dem Topf nehmen, in ein Sieb füllen, mit kaltem Wasser abschrecken und abtropfen lassen. Mit den Händen das überschüssige Wasser ausdrücken.

5.

Den Spinat und die Petersilie zerkleinern und in eine Schüssel geben. Den Parmesankäse, 1 EL Mandelblättchen und das Olivenöl hinzufügen. Das Gemisch mit einem Mixer zu einer Paste pürieren und mit Salz, Pfeffer und Zitronensaft würzen.

6.

Die Rettichscheiben auf einer Platte anrichten, die Spinat-Petersilien-Paste darüberträufeln, das Ganze mit den restlichen Mandelblättchen garnieren und servieren.

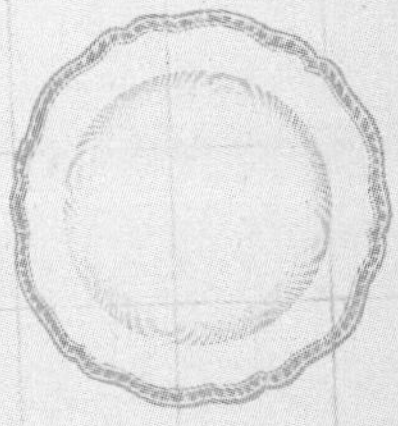

Radieserl

Für 4 Personen
Zubereitungszeit:
10 Minuten

Einkaufsliste
1 Bund Radieschen
1 Bund Petersilie
1 Bauernbrot
Butter
Salz

1.

Die Radieschen vom Strauchwerk entfernen, waschen und mit einer Reibe in dünne Scheiben hobeln. Die Petersilie waschen und zupfen.

2.

8 Scheiben vom Brot schneiden, die Brotscheiben mit Butter bestreichen, die Radieschen auf die Brotscheiben legen und mit Salz bestreuen.

3.

Die Brotscheiben halbieren und auf einer Platte anrichten, mit der Petersilie garnieren und servieren.

Topfenkaserl

1.

Die Zwiebeln schälen, den Schnittlauch waschen und beides klein würfeln.

2.

Den Topfen mit den Zwiebeln und dem Schnittlauch in eine Schüssel füllen, den Sauerrahm beimischen und alles gut umrühren.

3.

Den Topfenkaserl mit Salz, Pfeffer und Kümmel abschmecken, in eine Schale füllen und servieren.

Für 6 Personen

Zubereitungszeit:
15 Minuten

Einkaufsliste

4 Zwiebeln
2 Bund Schnittlauch
1 kg Topfen (Quark)
150 ml Sauerrahm
Salz
Pfeffer
Kümmel

Tellersülze

Für 4 Personen
Zubereitungszeit: 30 Minuten
Kochzeit: 2½ Stunden
Ruhezeit: 8 Stunden

Einkaufsliste
3 L Hühnerbrühe
100 ml Weißweinessig
1 Zwiebel
1 Lorbeerblatt
1 Gewürznelke
Zucker
1,5 kg gepökelte Schweinshaxe mit Schwarte
1 Karotte
100 g Knollensellerie
3 Wacholderbeeren
½ TL schwarze Pfefferkörner
2 Pimentkörner

1.

Die Hühnerbrühe mit 80 ml Weißweinessig in einen großen Topf geben. Die Zwiebel schälen und halbieren, eine Zwiebelhälfte mit dem Lorbeerblatt belegen, mit der Gewürznelke feststecken und in den Sud legen, einen Teelöffel Zucker hinzugeben und den Sud einmal aufkochen lassen.

2.

Die Schweinshaxe in den Sud geben und bei milder Hitze 2½ Stunden weich kochen, bis sich das Fleisch vom Knochen lösen lässt.

3.

Die Karotte und den Sellerie putzen, schälen und mit der restlichen Zwiebelhälfte dazugeben, nachdem die Schweinshaxe 30 Minuten gekocht wurde. Nach weiteren 30 Minuten die Wacholderbeeren, Pfeffer- und Pimentkörner in ein Gewürzsäckchen füllen, es verschließen und in den Sud legen.

4.

Nach der gesamten Kochzeit die Schweinshaxe aus dem Sud nehmen, die Schwarte entfernen und das Fleisch vom Knochen lösen. Das magere Fleisch gegen den Faserverlauf in Scheiben schneiden. Den Sud durch ein mit einem Küchentuch ausgelegtes Sieb gießen. Das Gemüse klein schneiden und beiseite stellen. Das Ei 5 Minuten kochen und pellen.

5.

Die Gelatine in kaltem Wasser einweichen und ausdrücken. In einem Topf 1 l Sud erhitzen und die Gelatine darin auflösen. Mit dem restlichen Essig, einer Prise Zucker, Pfeffer, Muskatnuss und Salz würzen und bei Zimmertemperatur abkühlen lassen.

10 Blatt weiße Gelatine
Pfeffer
Muskatnuss
1 Gewürzgurke
1 Ei

6.

Die Gewürzgurke in Scheiben schneiden. Aus der Mitte des Eis 4 schöne Scheiben schneiden. Die Eier- und Gurkenscheiben mit dem Fleisch und dem Gemüse auf 4 tiefen Tellern verteilen. Den Sülzenstand darübergeben und vor dem Servieren im Kühlschrank über Nacht fest werden lassen.

Weißwurst

Für 4 Personen
Zubereitungszeit:
5 Minuten
Garzeit: 10 Minuten

Einkaufsliste
8 Weißwürste
Süßer Senf
4 Laugenbrezeln

1.

In einem Topf Wasser zum Kochen bringen, den Herd ausschalten, die Weißwürste in das heiße, nicht mehr kochende Wasser legen und ohne Deckel 10 Minuten ziehen lassen.

2.

Nach der Garzeit die Weißwürste aus dem Topf nehmen, auf Tellern anrichten, mit dem Senf garnieren und mit den Laugenbrezeln servieren.

Salate & Vorspeisen

Bayerischer Kartoffelsalat

Für 4 Personen
Zubereitungszeit:
15 Minuten
Kochzeit:
10 Minuten

Einkaufsliste
600 g Kartoffeln
50 g Schnittlauch
200 g Creme Fraîche
50 ml Brühe
1 EL Senf
Salz
Pfeffer
200 g Räucherlachs

1.

Die Kartoffeln schälen, in Scheiben schneiden, in Salzwasser knapp 10 Minuten kochen und abgießen.

2.

Den Schnittlauch waschen und klein hacken.

3.

Die Creme Fraîche, die Brühe und den Schnittlauch mit dem Senf in eine Schüssel geben und verrühren sowie mit Salz und Pfeffer abschmecken. Die Kartoffeln beimischen.

4.

Den Räucherlachs in Stücke schneiden, den Kartoffelsalat mit dem Räucherlachs dekorieren und servieren.

Bayerischer Wurstsalat

Für 2 Personen

Zubereitungszeit:
10 Minuten

Ruhezeit:
30 Minuten

Einkaufsliste

500 g Lyoner Fleischwurst
3 Zwiebeln
4 EL Öl
2 EL Weißweinessig
Pfeffer
Salz
Zucker
Schnittlauch

1.

Die Pelle von der Lyoner Fleischwurst abziehen und die Wurst in Scheiben schneiden.

2.

Die Zwiebeln schälen, in Ringe schneiden und mit den Wurstscheiben in eine Salatschüssel geben.

3.

Aus dem Öl, dem Weißweinessig, dem Pfeffer, Salz und einer Prise Zucker eine Marinade in einer Schüssel mischen. Die Marinade mit dem Wurstsalat mischen.

4.

Den Wurstsalat abgedeckt in den Kühlschrank stellen und 30 Minuten ziehen lassen.

5.

Den Schnittlauch waschen, klein hacken, über den Wurstsalat streuen und den Salat servieren.

Bayerischer Karpfensalat

Für 4 Personen
Zubereitungszeit:
20 Minuten
Kochzeit:
30 Minuten
Ruhezeit:
12 Stunden

Einkaufsliste
300 g Karpfen
Salz
Pfeffer
Butter
1 Zwiebel
5 EL Fischfond
3 EL Zitronensaft
Zitronenschale
Petersilie

1.

Den Herd mit 180 °C vorheizen. Den Karpfen innen und außen mit kaltem Wasser abspülen, mit Küchenpapier trocknen, innen und außen salzen und pfeffern.

2.

Eine feuerfeste Form mit Butter einfetten. Den Karpfen mit ausgeklappten Bauchlappen in die Form legen. In den Karpfenrücken, in Abständen von 1 cm, kleine Schnitte mit einem Messer ziehen.

3.

Die Butter in einer Pfanne heiß werden lassen und über den Karpfen gießen.

4.

Die Form in die Mitte des Herds schieben, den Karpfen 20 Minuten bei 200 °C garen und zum Schluß noch 10 Minuten im Backofen bei 250 °C stehen lassen.

5.

Die Zwiebel schälen und in Ringe schneiden. Den gegarten Karpfen von den Gräten lösen, in kleine Stücke teilen und mit den Zwiebelringen in eine Schüssel geben.

6.

Den Fischsud mit Zitronensaft und Zitronenschale in eine Schüssel füllen und verrühren, über den Fisch gießen und alles vorsichtig mischen.

7.

Den Salat zugedeckt im Kühlschrank 12 Stunden ziehen lassen, mit Salz und Pfeffer nachwürzen, mit gehackter Petersilie bestreuen und servieren.

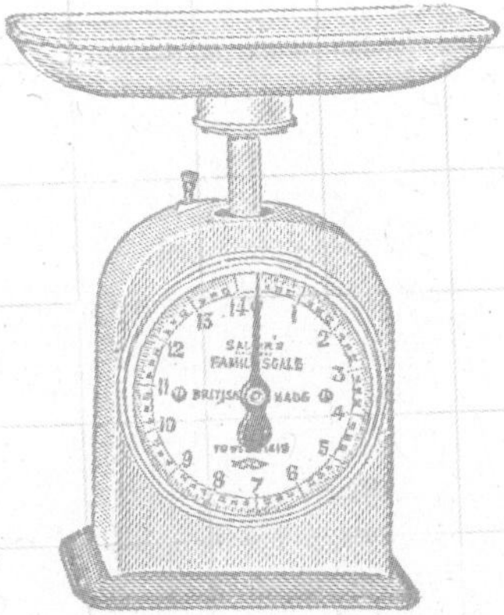

Blaukrautsalat

Für 4 Personen
Zubereitungszeit:
20 Minuten
Kochzeit: 5 Minuten
Ruhezeit:
15 Minuten

Einkaufsliste
1 Kopf Blaukraut
Salz
60 g durchwachsener Speck
Butter
20 g Pinienkerne
1 EL Zucker
8 EL Weißweinessig
200 ml Hühnerbrühe
Pfeffer

1.

Den Krautkopf waschen, 4 äußere Blätter lösen und beiseite legen.

2.

Den Krautkopf vierteln, vom Strunk befreien, in dünne Streifen schneiden und in eine Schüssel geben. Das Kraut mit Salz würzen, vermischen und 15 Minuten durchziehen lassen.

3.

Den Speck in Streifen schneiden, Butter in eine Pfanne geben und den Speck und die Pinienkerne darin rösten. Zucker darüber streuen und schmelzen lassen.

4.

Den Speck mit Weißweinessig und Hühnerbrühe ablöschen, mit Pfeffer würzen und 5 Minuten köcheln lassen.

5.

Den Salat in den 4 beiseite gelegten Blättern in einer Schüssel anrichten, den Speck mit den Pinienkernen darüber geben, den Salat mit Kerbel garnieren und warm servieren.

Rohkostsalat mit Blumenkohl

Für 6 Personen
Zubereitungszeit: 30 Minuten
Ruhezeit: 1 Stunde

Einkaufsliste
500 g Blumenkohl
200 ml Gemüsebrühe
1 TL Kümmel
2 EL Senf
5 EL Weißweinessig
Salz
Pfeffer
3 Eier
1 Beet Kresse
150 g Speck
7 EL Öl

1.

Den Blumenkohl waschen, zunächst in Röschen, dann in hauchdünne Scheiben schneiden. Die Gemüsebrühe mit dem Kümmel in einen Topf füllen, aufkochen lassen und über den Blumenkohl gießen.

2.

Den Senf und den Weißweinessig in einer Schüssel verrühren, mit Salz und Pfeffer würzen. Das Gemisch über den Salat träufeln und eine Stunde ziehen lassen.

3.

Die 3 Eier kochen, pellen und klein schneiden.

4.

Die Kresse vom Beet abtrennen und den Speck in Streifen schneiden.

5.

Die Eier mit der Kresse und dem Speck zu dem Salat geben und alles vermengen. Das Öl beimischen, den Salat mit Salz und Pfeffer abschmecken und servieren.

Saure Knödel

Für 2 Personen

Zubereitungszeit:
10 Minuten

Kochzeit:
20 Minuten

Einkaufsliste

- 1 Scheibe Vollkorntoast
- 20 g Butter
- 1 Packung Knödelteig
- 1 TL Salz
- 2 EL Balsamico-Essig
- 2 EL Öl
- Pfeffer

1.

Das Vollkorn-Toastbrot in kleine Würfel schneiden. Die Butter in einer Pfanne erhitzen. Die Brotwürfel in der heißen Butter leicht anbraten.

2.

Aus dem Knödelteig kleine Klöße formen und je 1 – 2 Brotstücke in die Mitte der Knödel drücken.

3.

Einen Topf Wasser mit 1 TL Salz zum Kochen bringen. Die Knödel in das kochende Wasser geben und sie 20 Minuten köcheln lassen. Die Knödel sind gar, wenn sie an der Oberfläche schwimmen.

4.

Die Knödel mit einem Löffel aus dem Wasser heben, in einem Sieb abtropfen und abkühlen lassen.

5.

In eine Tasse 4 EL Wasser, je 2 EL Balsamico-Essig und Öl geben, mischen und mit Salz und Pfeffer würzen.

6.

Die Knödel in eine Schüssel geben. Das Gemisch aus der Tasse darüber gießen und die Knödel servieren.

Saurer Käs'

Für 4 Personen
Zubereitungszeit:
10 Minuten

Einkaufsliste
2 Zwiebeln
3 EL Essig
3 EL Öl
Salz
Pfeffer
3 Romadur-Käse
1 Bund Schnittlauch

1.
Die Zwiebeln schälen und in Ringe schneiden.

2.
Den Essig und das Öl in eine Schüssel füllen, Salz und Pfeffer nach Belieben beigeben und alles verrühren.

3.
Die Zwiebelringe in die Schüssel zur Marinade geben.

4.
Den roten Rand vom Romadur entfernen, den Käse in Scheiben schneiden, die Scheiben auf Tellern anrichten und die Marinade darüber gießen.

5.
Den Schnittlauch waschen, in Ringe schneiden, über die Käsescheiben streuen und den Käse servieren.

Saurer Pressack

1.

Die Zwiebeln schälen, in Ringe schneiden.

2.

Den Essig, das Öl, das Salz und den Pfeffer in eine Schüssel geben und verrühren. Die Zwiebelringe in die Marinade geben.

3.

Je 1 Scheibe weißen und roten Pressack auf je einen Teller geben, die Zwiebelringe mit der Marinade darüber verteilen.

4.

Den Schnittlauch waschen, klein schneiden, über den Pressack streuen und ihn servieren.

Für 4 Personen

Zubereitungszeit:
10 Minuten

Einkaufsliste

3 Zwiebeln
6 EL Essig
3 EL Öl
1 TL Salz
1 TL Pfeffer
4 Scheiben weißer Pressack
4 Scheiben roter Pressack
1 Bund Schnittlauch

Weißkrautsalat mit Meerrettich

Für 4 Personen
Zubereitungszeit: 20 Minuten
Ruhezeit: 5 Minuten

Einkaufsliste
1 Kopf Weißkraut
Salz
1 EL Kümmel
100 g durchwachsener Speck
Öl
6 EL Weißweinessig
2 EL Meerrettich
2 Beete Kresse

1.

Den Kopf Weißkraut achteln, in feine Streifen vom Strunk schneiden und das Weißkraut in eine große Schüssel füllen.

2.

Knapp 1 l Wasser mit einer Prise Salz und dem Kümmel in einem Topf aufkochen und über das Kraut gießen. Das Kraut 5 Minuten im Wasser ziehen lassen und in einem Sieb abtropfen lassen.

3.

Den Speck würfeln und in Öl in einer Pfanne anbraten. 60 ml Öl mit dem Weißweinessig und dem Meerrettich in eine Schüssel geben und verrühren.

4.

Die Speckwürfel und die Marinade zu dem Weißkraut füllen und vermengen. Die Kresse vom Beet lösen und ebenfalls unterheben.

5.

Den Weißkrautsalat mit Salz abschmecken und servieren.

Suppen

Bayerische Kartoffelsuppe

Für 2 Personen
Zubereitungszeit:
15 Minuten
Kochzeit:
20 Minuten

Einkaufsliste
1 Zwiebel
1 Lauchstange
1 Bund Petersilie
500 g Kartoffeln
40 g Mehl
50 g Butter
⅛ l Sahne
Muskat
Salz
Pfeffer

1.

Die Zwiebel schälen, den Lauch waschen und beides klein schneiden. Die Petersilie waschen und zupfen.

2.

Die Kartoffeln schälen, ebenfalls klein schneiden und mit der Zwiebel und dem Lauch in einen großen Topf geben.

3.

Das Gemisch mit kaltem Wasser auffüllen. Das Mehl in der Butter in einer Pfanne anrösten und in den Topf einrühren. Den Topfinhalt zum Kochen bringen und 20 Minuten kochen lassen, ihn nach der Kochzeit mit einem Mixer pürieren, bis die Suppe leicht sämig wird.

4.

Nach dem Kochen die Suppe mit der Sahne auffüllen und mit Muskat, Salz und Pfeffer abschmecken.

5.

Die Suppe in eine Terrine füllen, mit der Petersilie garnieren und servieren.

Brotsuppe

1.

Das Brot in Würfel schneiden, in eine große Pfanne geben und in Butter rösten. Den Schnittlauch waschen und in Röllchen schneiden.

2.

Die Zwiebeln schälen, fein hacken und in die Pfanne dazugeben. Das Mehl einrühren und das Ganze mit der Fleischbrühe aufgießen, aufkochen lassen und 30 Minuten köcheln lassen.

3.

In eine Schüssel 2 Eigelbe mit der Sahne füllen und verquirlen, in die Suppe gießen und mit Pfeffer, Salz und Muskat abschmecken.

4.

Die Suppe in eine Terrine füllen, die Brotscheiben dazugeben, mit dem Schnittlauch garnieren und servieren.

Für 4 Personen

Zubereitungszeit:
10 Minuten
Kochzeit:
30 Minuten

Einkaufsliste

100 g Landbrot
60 g Butter
1 Bund Schnittlauch
2 Zwiebeln
1 EL Mehl
1½ l Fleischbrühe
2 Eier
3 EL Sahne
Pfeffer
Salz
Muskat

Eierschwammerl-Suppe

Für 4 Personen
Zubereitungszeit:
10 Minuten
Kochzeit:
25 Minuten

Einkaufsliste
2 Zwiebeln
250 g Pfifferlinge
(Eierschwammerl)
1 Bund Petersilie
4 EL Butter
3 EL Mehl
Salz
Pfeffer
⅛ l Sauerrahm

1.

Die Zwiebeln schälen und klein schneiden, die Pfifferlinge putzen und schneiden, die Petersilie waschen und zupfen und diese Zutaten in einer Pfanne in Butter andünsten.

2.

Das Mehl in die Pfanne rühren, mit 1 l Wasser auffüllen, die Suppe mit Salz und Pfeffer würzen und 20 Minuten zugedeckt köcheln lassen, gelegentlich umrühren.

3.

Nach dem Kochen den Sauerrahm einrühren und die Suppe weitere 5 Minuten köcheln lassen.

4.

Die Suppe mit Salz und Pfeffer abschmecken, in eine Terrine füllen, mit Petersilie garnieren und servieren.

Fleischsuppe

1.

Das Fleisch mit den Knochen waschen, in 2 l kaltem Wasser in einem Topf zum Kochen bringen und das Ganze 2½ Stunden langsam köcheln lassen.

2.

Inzwischen den Lauch, die Möhren und den Sellerie putzen, in Stücke schneiden und zur Suppe geben. Die Zwiebel schälen, würfeln und ebenfalls hinzugeben. Die Suppe neu aufkochen und nochmals 20 Minuten bis zum Weichwerden des Fleisches auf kleiner Flamme köcheln lassen.

3.

Nach dem Kochen die Suppe durch ein Sieb seihen, das Fleisch von den Knochen lösen, in Würfel schneiden, wieder zur Suppe geben, auch das Gemüse wieder hineinfüllen und das Ganze nochmal kurz erwärmen.

4.

Die Petersilie waschen und zupfen, die Suppe mit Ingwer, Muskat, Salz und Pfeffer würzen, in eine Terrine füllen, mit der Petersilie garnieren und servieren.

Für 4 Personen

Zubereitungszeit: 10 Minuten

Kochzeit: 3 Stunden

Einkaufsliste

1 kg Rindfleisch mit Knochen
1 Stange Lauch
2 Möhren
1 Stück Sellerie
1 Zwiebel
1 Bund Petersilie
Ingwer
Muskat
Salz
Pfeffer

Grießknockerl-Suppe

Für 4 Personen
Zubereitungszeit:
10 Minuten
Kochzeit:
20 Minuten
Ruhezeit: 1 Stunde

Einkaufsliste
40 g Butter
1 Ei
Salz
Muskat
80 g Grieß
1 Bund Petersilie
250 ml Fleisch-
brühe

1.

Die Butter mit dem Ei in eine Schüssel geben, verrühren, je eine Prise Salz und Muskat untermengen. Langsam den Grieß einrühren, dass ein gut formbarer Teig entsteht. Den Teig 1 Stunde kühl ruhen lassen.

2.

Inzwischen 2 l Wasser mit einer Prise Salz zum Kochen bringen. Die Petersilie waschen und zupfen.

3.

Mit einem Esslöffel Nockerln aus der Teigmasse stechen, die Nockerln in das siedende Wasser legen und 20 Minuten ziehen lassen, bis sie gar sind.

4.

Nach dem Kochen die Nockerln aus dem Topf nehmen, in ein Sieb füllen und abtropfen lassen.

5.

Die Fleischbrühe aufkochen, in eine Terrine füllen, die Nockerln in die Terrine geben, die Suppe mit der Petersilie bestreuen und servieren.

Hochzeitssuppe

1.

Das Rindfleisch waschen und trocknen. Die Zwiebel schälen und vierteln. Das Suppengrün putzen, in grobe Stücke schneiden. Den Spargel und die Möhren schälen, in Stücke schneiden. Die Petersilie waschen und zupfen.

2.

In einen großen Topf 2 l Wasser füllen, das Rindfleisch, die Zwiebel, 1 TL Salz hineingeben, aufkochen lassen und bei mittlerer Hitze 2 Stunden köcheln lassen. Die gekochte Brühe durch ein feines Sieb abgießen und die klare Brühe wieder in einen Topf geben, ohne Fleisch und Gemüse.

3.

Das Gehackte vom Schwein salzen, pfeffern, kleine Klößchen daraus formen, einen Topf mit Wasser aufsetzen, die Klößchen hineingeben und 5 Minuten köcheln lassen. Die Klößchen herausnehmen und das Wasser durch ein feines Haarsieb abgießen. Die Klößchen und das aufgefangene Kloßwasser in die Rinderbrühe geben.

4.

Die Rinderbrühe mit den Klößchen und dem Spargel knapp 10 Minuten köcheln lassen. Die Brühe in eine Terrine geben, mit Muskat, Salz und Pfeffer abschmecken, mit der Petersilie garnieren und servieren.

Für 4 Personen

Zubereitungszeit:
20 Minuten
Kochzeit:
130 Minuten

Einkaufsliste

500 g Rindfleisch
1 Zwiebel
1 Bund Suppengrün
500 g Spargel
300 g Möhren
1 Bund Petersilie
Salz
800 g gehacktes Schweinefleisch
Muskat
Pfeffer

Kalte Gurkensuppe

Für 4 Personen
Zubereitungszeit:
20 Minuten
Kochzeit:
15 Minuten

Einkaufsliste
400 g Gurken
40 ml Sahne
½ Bund Borretsch
2 TL Meerrettich
400 ml Buttermilch
Salz
Pfeffer
1 Bund Schnittlauch
40 g Kirschtomaten
2 Stangen Sellerie
60 g Stangen-weißbrot
20 g Butter

1.

Die Gurken schälen, der Länge nach halbieren, zerkleinern und mit der Sahne zugedeckt in einem Topf 10 Minuten dünsten.

2.

Den Borretsch waschen, die Stiele entfernen, die Blätter klein schneiden, zu den Gurken geben und kurz mitkochen. Zu dem Gurkengemisch den Meerrettich und die Buttermilch geben, das Ganze pürieren, mit Salz und Pfeffer abschmecken und in den Kühlschrank stellen.

3.

Den Schnittlauch waschen, trocken tupfen und in Röllchen schneiden. Die Kirschtomaten ebenfalls waschen und vierteln. Den Sellerie putzen und der Länge nach halbieren.

4.

Das Weißbrot in Würfel schneiden, die Butter in einer Pfanne erhitzen, die Weißbrotwürfel darin goldbraun braten.

5.

Die Gurkenschüssel aus dem Kühlschrank nehmen, die Gurkensuppe in Gläser verteilen, mit Kirschtomaten, Schnittlauch und Sellerie garnieren, mit Pfeffer und den Weißbrotstücken bestreuen und servieren.

Pichelsteiner Suppe

1.

Das Rindfleisch waschen, trocken tupfen und in Würfel schneiden. Die Zwiebeln und die Kartoffeln schälen und klein schneiden. Die Petersilie waschen und zupfen.

2.

Den Lauch, den Weißkohl, den Sellerie und die Karotten waschen und klein schneiden.

3.

Einen Topf mit Butter einfetten, das Fleisch und alles Gemüse abwechselnd darin schichten, jede Schicht mit Salz und Pfeffer würzen.

4.

Die Fleischbrühe in einem Topf erhitzen und in den Fleischtopf geben, den Topf schließen und 90 Minuten bei mittlerer Hitze garen, nicht umrühren, bei Bedarf etwas Brühe nachgießen.

5.

Nach dem Kochen die Suppe mit Majoran und Kümmel abschmecken, in eine Schüssel füllen, mit Petersilie bestreuen uns servieren.

Für 4 Personen

Zubereitungszeit:
20 Minuten
Kochzeit:
90 Minuten

Einkaufsliste

600 g Rindfleisch von der Hüfte
2 Zwiebeln
350 g Kartoffeln
1 Bund Petersilie
1 Stange Lauch
400 g Weißkohl
1 Stange Sellerie
200 g Karotten
50 g Butter
Salz
Pfeffer
½ l Fleischbrühe
1 TL Majoran
1 EL Kümmel

Rote-Beete-Suppe

Für 4 Personen
Zubereitungszeit:
20 Minuten
Kochzeit:
50 Minuten

Einkaufsliste
2 Zwiebeln
300 g Rote Beete
25 g Butter
1 l Brühe
Salz
Pfeffer
50 ml Weißwein
50 ml Sahne
50 g frischer Meerrettich
50 g Camembert
50 g Brie
20 g Rotschmierkäse
2 Eier
50 g Semmelbrösel
1 Bund Schnittlauch

1.

Die Zwiebeln und Rote Beete schälen. Beides in grobe Würfel schneiden. Die Butter in einem Topf erhitzen, die Rote Beete und die Zwiebeln darin kurz dünsten, mit 1 l Brühe auffüllen und 30 Minuten bei mittlerer Hitze kochen.

2.

Die Rote Beete in der Brühe pürieren und mit Salz und Pfeffer würzen. Den Weißwein und die Sahne hinzugeben und das Ganze nochmals 10 Minuten kochen lassen.

3.

Den Meerrettich in die Suppe rühren, 10 Minuten ziehen lassen und die Suppe durch ein Sieb gießen.

4.

Die Rinde von den Käsen schneiden, den Käse in eine Schüssel füllen und ihn mit einem Mixer cremig rühren, nacheinander die Eier beimischen. Die Masse mit Semmelbröseln verkneten und mit Salz und Pfeffer würzen.

5.

Den Schnittlauch waschen, in Röllchen schneiden. Die Hälfte Schnittlauch mit der Käsemasse vermischen. Mit einem Esslöffel Nockerln von der Käsemasse abstechen und in leicht kochendem, gesalzenem Wasser 10 Minuten ziehen lassen.

6.

Die Rote-Beete-Suppe noch einmal mit einem Mixer verrühren, erwärmen und die Nockerln hineingeben.

7.

Die Suppe in Teller füllen, mit dem restlichen Schnittlauch garnieren und servieren.

Speckknödel-Suppe

Für 4 Personen

Zubereitungszeit:
20 Minuten
Kochzeit:
15 Minuten

Einkaufsliste

6 Semmeln
60 ml Milch
Salz
Muskat
100 g Speck
Butter
1 Zwiebel
1 Bund Schnittlauch
2 Eier
20 g Mehl
1 l Rindfleischfond

1.

Die Semmeln in Scheiben schneiden, in eine Schüssel geben, mit der Milch anfeuchten und mit Salz und Muskat würzen.

2.

Den Speck in Würfel schneiden, Butter in eine Pfanne geben und den Speck darin braten.

3.

Die Zwiebel schälen, klein schneiden, den Schnittlauch waschen und klein hacken, beides in die Pfanne geben und dünsten. Die Eier in einer Tasse verquirlen, mit dem Mehl in die Pfanne geben und vermischen.

4.

Das Gemisch aus der Pfanne zu den Semmeln geben und einen Teig daraus kneten. Aus dem Teig Knödel formen, sie 10 Minuten in kochendem Salzwasser garen.

5.

Nach dem Kochen der Knödel den Rindfleischfond in einem Topf erwärmen, die Knödel in den Fond geben, die Suppe in eine Schüssel füllen und sie mit dem restlichen Schnittlauch garnieren und servieren.

Kulinarische Straßen

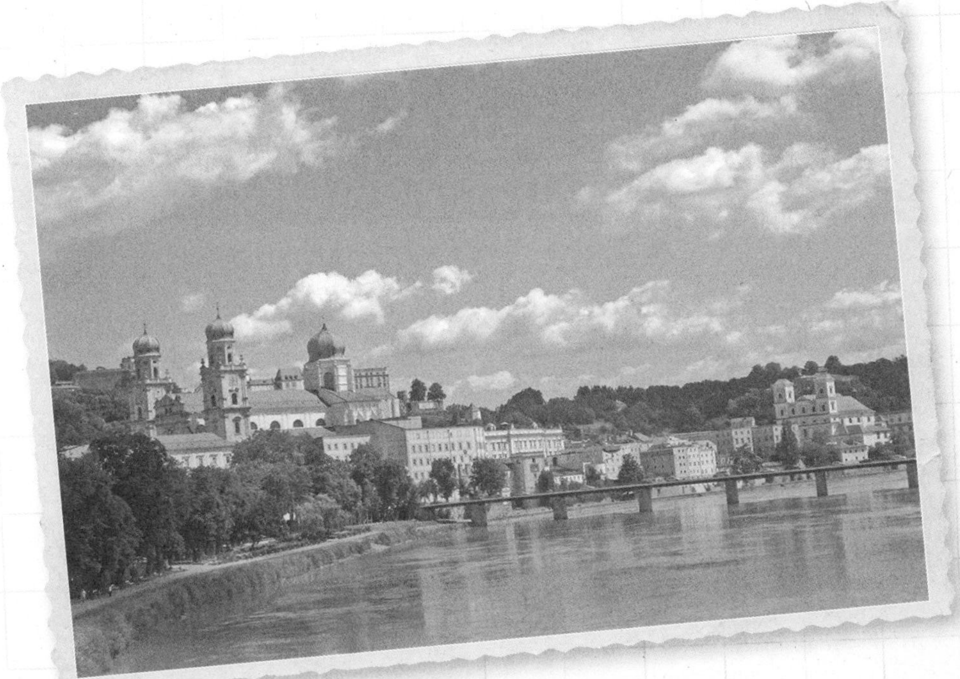

Passau – an der Bier- und Burgenstraße

Die Straßen der Gourmets

Die Bier- und Burgenstraße im Naturpark Frankenwald

Wahre Gaumen- und Sinnesfreuden für Körper und Geist bietet die Bier- und Burgenstraße, die auf der B 85 500 Kilometer weit durch Deutschland führt. Die Straße verläuft von Passau in Ostbayern bis zum Kyffhäuser im Nordosten Thüringens. Sie ist ein Zeugnis des Zusammenwachsens der ehemals getrennten deutschen Staaten und entstand 1997 nach einer Idee des Gastwirtes Günter Limmer aus Kulmbach.

Dokumente der deutschen Wiedervereinigung sind zum Beispiel die Grenz- und Wappensteine entlang des Rennsteigs oder der Aussichtsturm Thüringer Warte, der auf 117 Treppenstufen die Geschichte Deutschlands in Bildern zeigt. Wer ein Stück Geschichte des Mittelalters kennenlernen will, sollte die historische Stadt Kronach mit ihren alten Bürgerhäusern, Türmen und Wehrgängen besichtigen. Zudem ist Kronach bekannt für seine Brauereikunst. Einen Höhepunkt der Bierbraukunst stellt auch das Dorf Weißenbrunn dar, dessen Brauerei- und Biermuseum die Zunft des Bierbrauens erklärt und aus dessen Dorfbrunnen „Jungfer Kättl" zu besonderen Festen Bier aus den Brüsten der steinernen Jungfer fließt.

Die Genießer-Straße

Für alle Liebhaber der bayerischen Küche ist die Genießer-Straße eine exzellente Empfehlung. Besucher Bayerns können die Route mit dem Auto nachfahren und bei zehn Spitzenköchen Bayerns zu Tisch speisen.

Der Start der Reise ist in Pfronten, in den Allgäuer Alpen, wo Köchin Barbara Schlachter-Ebert in ihrem Restaurant „Schloßanger Alp" für ein delikates Menü sorgen wird. Anschließend führt die Tour 1.000 Kilometer quer durch Bayern. Letzte Station ist in Nördlingen bei Joachim Kaiser, der den Reigen der Gaumenfreuden im Restaurant „Meyer's Keller" beendet. Tagsüber bleibt genügend Zeit, um die landschaftlichen Kleinode der unterschiedlichen Regionen kennenzulernen. Zu den Sehenswürdigkeiten zählen außerdem das Schloss Neuschwanstein und die fränkische Metropole Würzburg.

Die Salzstraße

Wer die Salzstraße mit dem Auto entlang fährt, folgt den Spuren des Salzes von der Saline Bad Reichenhall über Salzach und Inn nach Passau über den „Goldenen Steig" bis zur böhmischen Grenze nach Bischofsreut. Dabei geht es darum, zu erfahren, wie Salz gewonnen, gesiedet, getrocknet und verpackt werden kann. Diese 4 Schritte zur Salzproduktion werden im Bad Reichenhaller Salzmuseum in der Alten Saline erklärt. Seit 1796 fördert in Bad Reichenhall eine Pumpe Sole. Außerdem gibt es auf der Salzstraße zu erfahren, dass die Salztransporteure, genannt „Säumer", das Salz von den Salzherren kaufen und es von den Ilzer Förgen in Schiffen über die Donau in die gegenüberliegende Ilzstadt fahren lassen mussten, um es dort zum Weitertransport über Land auf Pferde umzuladen.

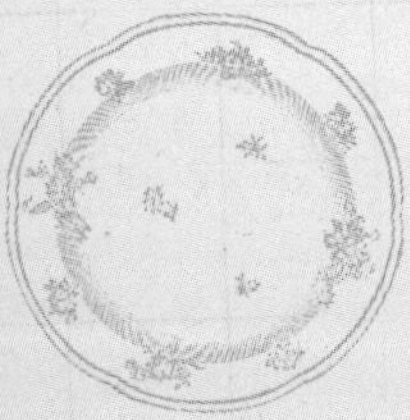

Zum Streckenverlauf der Route: Der Salzstraße folgt man ab Bad Reichenhall auf der B 20 nach Laufen. Von dort geht es weiter nach Burghausen mit seiner malerischen Altstadt und der längsten Burg Europas. Bei Marktl erfolgt ein Wechsel der Route von der B 20 auf die B12, die man entlang des Inns bis Passau fährt. Von dort geht es nach Ilzstadt und auf der B12 weiter nach Salzweg, Büchelberg und Waldkirchen. Auf der Route folgen außerdem Böhmzwiesel, Fürholz, Grainet, Freyung und Philippsreut. Von dort fährt man Richtung Bischofsreut. Dieser Ort liegt nahe der böhmischen Grenze. Wer Lust und Zeit hat, kann die Salzstraße weiter nach Böhmen über Wallern und Prachatitz bis nach Prag fahren.

Der Schrobenhausener Spargelwanderweg

Der sechs Kilometer lange Spargelwanderweg bietet sich von Mai bis Juni für Besucher Bayerns an, die miterleben möchten, wie der Spargel gestochen wird. Natürlich ist diese Reise auch in den restlichen Monaten ein attraktiver Weg. Denn entlang der Straßen stehen viele Informationstafeln, die das ganze Jahr über Auskunft über die Pflege und Zucht des Spargels geben.

Start der Route ist in Schrobenhausen auf dem Mahlberg. Von dort führt der Weg in den Wald und mündet schon nach 500 Metern in ein freies Feld, das zu den bekanntesten Spargelanbaugebieten der Welt gehört. Knapp einen Meter hoch hinaus ragen dort die langgezogenen braunen Erdwälle, auch Bifänge genannt. Unter der Lehmerde sind die Spargelwurzeln verankert, die nach ein paar Jahren besonderer Pflege haufenweise Spargelstangen hervorbringen.

Die Strecke vom Spargelfeld zurück nach Schrobenhausen führt über Feldwege und Waldlichtungen und ist mit Wandermarkierungen beschildert.

Mit dem Rad auf den Spuren des Bieres

Bayern beherbergt 640 Brauereien, und wer die bayerische Biertradition kennenlernen möchte, kann das hervorragend in Tages-Etappen mit dem Rad auf der ca. 600 Kilometer langen Bierstraße tun. Sie führt von Kulmbach in Franken nach Bamberg, Neumarkt in der Oberpfalz, Weltenburg, Erding und Aying bis nach Mittenwald in Oberbayern.

Die „Hauptstadt des Bieres" ist nach bayerischer Meinung selbstverständlich Kulmbach. Dort erfährt der Besucher alles Wissenswerte rund um das bayerische Bier und der „Geburt" des Bieres vor 5.000 Jahren im heutigen Irak. Zudem bietet Kulmbach eine romantische Landschaft zum Verweilen an.

Malerisch anzusehen ist auch Bamberg, seine Altstadt mit den Fachwerkhäusern und den verwinkelten Gassen gehört zum Weltkulturerbe. Darüber hinaus lagern in den Bamberger Kellern tausende Bierfässer, die Biergärten heißen Bierkeller, und eine hiesige Spezialität ist das Rauchbier, wofür die Gerste über Buchenholzfeuer getrocknet wird.

Neumarkt ist berühmt als Ort des Öko-Bieres. Natürlich wird das Neumarkter Lammsbräu nach dem Reinheitsgebot gebraut, und die ansässige Brauerei ist die größte Öko-Brauerei Deutschlands.

Físch

Bayerischer Backfisch

Für 2 Personen
Zubereitungszeit:
15 Minuten
Kochzeit:
30 Minuten
Ruhezeit:
15 Minuten

Einkaufsliste
125 g Mehl
Salz
⅛ l Bier
2 Eier
40 g Butter
500 g Seelachsfilet
Pfeffer
Öl
Meerrettich
Remoulade

1.

Das Mehl mit einer Prise Salz in eine Schüssel geben, das Bier hinzufüllen und alles mit einem Mixer mischen. Die Eigelbe in den Teig rühren (die Eiweiße aufheben) und den Teig 15 Minuten ruhen lassen.

2.

Nach der Teig-Ruhezeit die Butter in einem Topf bei niedriger Temperatur erhitzen und vom Herd nehmen. Die flüssige Butter mit dem Mixer unter den Bierteig rühren, die 2 übrig gebliebenen Eiweiße in eine Schüssel geben, steif schlagen und unter den Bierteig heben.

3.

Das Seelachsfilet in mundgerechte Stücke teilen, mit Küchenpapier trocknen, mit Salz und Pfeffer würzen.

4.

Einen Wok oder eine Fritteuse mit reichlich Öl auf eine Temperatur von 170 °C vorheizen. Die Fischportionen nacheinander durch den Teig ziehen, in das heiße Frittierfett legen und 5 Minuten backen lassen.

5.

Nach der Backzeit den Fisch mit einer Schaumkelle aus dem Öl heben und auf Küchenpapier abtropfen lassen. Sind die einzelnen Fischstücke gebacken worden, können sie auf Tellern angerichtet und mit Meerrettich oder Remoulade serviert werden. Als Beilagen passen ein Kartoffelsalat oder ein Gurkensalat.

Gebackenes Rotbarschfilet

Für 4 Personen

Zubereitungszeit:
20 Minuten
Kochzeit:
60 Minuten
Ruhezeit:
15 Minuten

Einkaufsliste

250 g Mehl
Salz
1/8 l Bier
4 Eier
80 g Butter
1 kg Rotbarschfilet
Pfeffer
Öl
Remoulade

1.

Das Mehl mit einer Prise Salz in eine Schüssel geben, das Bier hinzufüllen und alles mit einem Mixer verrühren. Die Eigelbe in den Teig mischen (die Eiweiße aufheben) und den Teig 15 Minuten ruhen lassen.

2.

Nach der Teig-Ruhezeit die Butter in einem Topf bei niedriger Temperatur erhitzen und vom Herd nehmen. Die flüssige Butter mit dem Mixer unter den Bierteig mengen, die 2 übrig gebliebenen Eiweiße in eine Schüssel geben, steif schlagen und unter den Bierteig heben.

3.

Das Rotbarschfilet in kleine Portionen teilen, mit Küchenpapier trocknen, mit Salz und Pfeffer würzen.

4.

Einen Wok oder eine Fritteuse mit reichlich Öl auf eine Temperatur von 170 °C vorheizen. Die Fischportionen nacheinander durch den Teig ziehen, in das heiße Frittierfett legen und 5 Minuten backen lassen.

5.

Nach der Backzeit den Fisch mit einer Schaumkelle aus dem Öl heben und auf Küchenpapier abtropfen lassen. Sind die einzelnen Fischstücke gebacken worden, können sie auf Tellern angerichtet, mit Remoulade garniert und serviert werden. Als Beilage dazu schmecken Salzkartoffeln und ein grüner Salat.

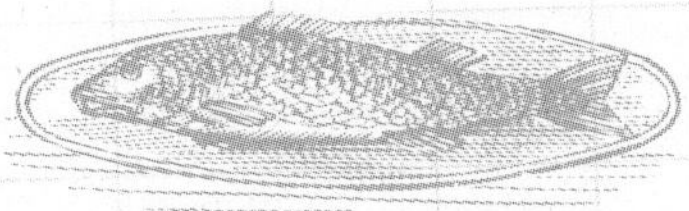

Gebeizter Saibling

Für 4 Personen
Zubereitungszeit:
20 Minuten
Kochzeit:
10 Minuten
Ruhezeit: 8 Stunden

Einkaufsliste
4 Saibling-Filets
70 g Dill
60 g Petersilie
25 g Koriander
5 Pfefferkörner
4 Wacholderbeeren
30 g Olivenöl
10 g Pökelsalz
2 g Zucker
4 Kartoffeln

1.

Die Saibling-Filets waschen, mit Küchenpapier trocken tupfen.

2.

Den Dill und die Petersilie waschen, mit dem Koriander, den Pfefferkörnern, den Wacholderbeeren, dem Olivenöl, Pökelsalz und Zucker in eine Schüssel füllen, alle Zutaten mit einem Mixer verrühren.

3.

Die Saibling-Filets in eine Form legen, die Kräuter-Marinade über die Saibling-Filets geben, die Form mit einem sauberen Küchentuch abdecken und die Filets über Nacht marinieren lassen.

4.

Nach der Marinier-Zeit 4 große Kartoffeln schälen und in dünne Scheiben schneiden. Einen Topf mit Wasser aufsetzen, zum Kochen bringen, auf lauwarme Temperatur erkalten lassen und die Kartoffelscheiben 5 Minuten in das lauwarme Wasser legen.

5.

Öl in einer großen Pfanne erhitzen und die Kartoffelscheiben in dem Fett 5 Minuten braten, bis sie goldbraun sind. Nach der Bratzeit die Kartoffelscheiben auf Küchenpapier legen, damit das Fett abtropfen kann.

6.

Die marinierten Saibling-Filets aus der Form nehmen, mit den Kartoffelscheiben auf Tellern anrichten und servieren. Geeignet als Beilage ist ein frischer grüner Blattsalat.

Gegrilltes Bachforellenfilet

Für 4 Personen
Zubereitungszeit:
15 Minuten
Backzeit: 6 Minuten

Einkaufsliste
4 Bachforellen
Salz
Pfeffer
4 TL Butter
Rosmarin
Thymian
Öl
Kartoffelsalat

1.

Die küchenfertigen Forellen mit Kaltwasser waschen und mit Küchenpapier trocken tupfen. Die Forellen innen und außen mit Salz und Pfeffer würzen. Jeweils 1 TL weiche Butter und nach Geschmack Thymian und Rosmarin in die Bauchhöhle der Forellen geben.

2.

Einen Grillrost vom Herdofen mit Öl bestreichen, auch die Forellen mit dem Öl bepinseln. Den Grill auf 130 °C vorheizen, die Forellen auf das eingeölte Rost legen und im Ofen pro Forellenseite 3 Minuten grillen.

3.

Nach der Garzeit die Forellen aus dem Ofen nehmen, auf Tellern anrichten und mit Kartoffelsalat servieren.

Kabeljaufilet

1.

Den Backofen auf 200 °C vorheizen. Die Petersilie waschen und zupfen.

2.

Die küchenfertigen Kabeljaufilets mit Kaltwasser waschen, mit Küchenpapier trocken tupfen, mit Salz und Pfeffer würzen und mit Zitronensaft beträufeln. Je einen Rosmarinzweig über die Filets legen.

3.

4 Stücke Aluminiumfolie auf ein Backblech legen, so dass je ein Filetstück hinein passt. Je ein Fischfilet auf eine Folie geben, pro Filetstück 10 g Butter auf den Filets verteilen, die Folien schließen und die Filets 35 Minuten im Backofen bei 200 °C garen.

4.

Nach der Garzeit die Filets aus dem Backofen und aus der Aluminiumfolie nehmen, auf Tellern anrichten, mit Petersilie garnieren und mit Salzkartoffeln servieren.

Für 4 Personen

Zubereitungszeit:
20 Minuten
Backzeit:
35 Minuten

Einkaufsliste

1 Bund Petersilie
4 Kabeljaufilets à 150 g
Salz
Pfeffer
Zitronensaft
4 Zweige Rosmarin
Butter

Karpfen in Biersoße

Für 4 Personen
Zubereitungszeit:
20 Minuten
Kochzeit:
50 Minuten

Einkaufsliste
100 g Lebkuchen
1 l Malzbier
1 Karpfen
Salz
Pfeffer
1 Bund Suppengrün
2 Zwiebeln
20 g Butter
1 Lorbeerblatt
2 Nelken
4 Pfefferkörner
4 Pimentkörner
50 g Rosinen
Zitronensaft
Zucker

1.

Den Lebkuchen klein schneiden, in eine Schüssel geben und ½ l Malzbier hinzufüllen.

2.

Den küchenfertigen Karpfen mit Kaltwasser abspülen und mit Küchenpapier trocken tupfen, salzen und pfeffern.

3.

Das Suppengrün putzen, die Zwiebeln schälen und beides in Würfel schneiden.

4.

Die Butter in einer Pfanne erwärmen, das Lorbeerblatt, die Nelken, Pfeffer- und Pimentkörner, den eingeweichten Lebkuchen und die Rosinen zufügen, das restliche Malzbier dazugießen und das Ganze 20 Minuten auf kleiner Flamme köcheln lassen.

5.

Nach dieser Kochzeit den Karpfen in die Pfanne legen und ihn 30 Minuten zugedeckt bei leichter Hitze gar werden lassen.

6.

Nach der Garzeit den Karpfen aus der Pfanne nehmen, die Soße mit Zitronensaft, Salz und Zucker abschmecken und in eine Terrine füllen. Den Karpfen auf einer Platte anrichten und mit der Soße servieren. Zu diesem Gericht eignen sich als Beilage Bratkartoffeln oder Weißbrot.

Lachsforelle in Weinsoße

Für 4 Personen
Zubereitungszeit:
20 Minuten
Kochzeit:
40 Minuten

Einkaufsliste
3 Schalotten
1 Bund Petersilie
1 kg Lachsforelle
Salz
Pfeffer
1 TL Thymian
50 g Butter
40 ml Weißwein

1.

Den Backofen auf 200 °C vorheizen.

2.

Die Schalotten schälen und in Würfel schneiden, die Petersilie waschen und zupfen.

3.

Die küchenfertige Lachsforelle innen und außen mit Kaltwasser waschen, trocken tupfen, innen und außen salzen, pfeffern. Den Bauch der Forelle mit den Schalotten, der Hälfte des Thymians, der Hälfte der Petersilie sowie mit 50 g Butter füllen.

4.

Aluminiumfolie auf ein Backblech legen und mit der Butter bestreichen.

5.

Die Lachsforelle auf die Folie legen, mit dem Weißwein beträufeln, die restlichen Kräuter darüber streuen. Die Folie verschließen und die Forelle im Backofen auf mittlerer Schiene bei 200 °C 40 Minuten garen.

6.

Nach der Garzeit die Lachsforelle auf einer Platte anrichten, den Forellensud aus der Aluminiumfolie durch ein Sieb in eine Terrine gießen und mit der Lachsforelle servieren. Als Beilage schmecken Reis oder Couscous mit buntem Gemüse.

Renkenfilet in Kräutersoße

Für 4 Personen
Zubereitungszeit:
20 Minuten
Backzeit: 5 Minuten

Einkaufsliste
2 Weißbrotscheiben
4 Renkenfilets
(ohne Haut und
Gräten)
Salz
Pfeffer
2 Eier
Weißwein
50 g Butter
100 g Bergader
Edelpilz-Käse
50 ml Hühnerbrühe
50 ml Sahne
½ TL Petersilie
½ TL Estragon
½ TL Basilikum

1.

Den Ofen auf 130 °C vorheizen.

2.

Die Weißbrotscheiben mit den Fingern auf einem Teller zerbröseln. Die Renkenfilets waschen, trocken tupfen, salzen, pfeffern.

3.

Die Eigelbe in eine Schüssel füllen, ein paar Tropfen Weißwein dazugeben und das Ganze schaumig schlagen.

4.

Die Butter in einem Topf auslassen und sie mit den Weißbrotstücken in die Schüssel rühren. Außerdem den Bergader mit einer Reibe zerbröseln und ihn ebenfalls in die Schüssel mengen. Dazu passen Salzkartoffeln.

5.

Ein Backblech mit Butter einfetten, die Renkenfilets auf das Blech legen und die vorbereitete Käsemasse auf den Filets verteilen. Das Backblech in den Ofen schieben und die Filets 5 Minuten bei 130 °C garen.

6.

Die Hühnerbrühe mit 1 EL Butter und mit der Sahne in einen Topf füllen, aufkochen lassen, mit Salz und Pfeffer abschmecken, Petersilie, Estragon und Basilikum hinzugeben, die Soße nochmals kurz aufkochen lassen und in eine Terrine füllen.

7.

Nach der Backzeit die Renkenfilets aus dem Ofen nehmen, auf Tellern anrichten und mit der Soße und nach Wunsch mit Salzkartoffeln servieren.

Steckerlfisch

Für 4 Personen
Zubereitungszeit:
15 Minuten
Grillzeit:
15 Minuten

Einkaufsliste
8 Makrelen
50 g Weizenmehl
100 g Butter
4 EL Wermut
1 TL Salz
Pfeffer

1.

Die küchenfertigen Makrelen gründlich mit Kaltwasser außen und innen waschen, mit Küchenpapier trocken tupfen und außen salzen.

2.

Das Mehl in eine Schüssel füllen und die Makrelen im Mehl wenden.

3.

Die Butter mit dem Wermut, 1 TL Salz und einer Prise Pfeffer in eine zweite Schüssel füllen und miteinander mischen. Diese Buttermischung jeweils in die Bauchhöhlen der Makrelen füllen.

4.

Jeden Fisch mit einem langen Holzspieß durch die Maulöffnung bis zum Schwanz aufspießen und im Freien über die Glut einer Feuerstelle halten, dabei ständig drehen. Die Makrelen sind je nach Größe in 10 – 15 Minuten gar und können sofort verzehrt werden. Dazu isst man in Bayern eine Brezn oder eine Semmel.

Zanderfilet mit Speck

1.

Das Zanderfilet in 8 Stücke schneiden, pfeffern und salzen.

2.

Die Speckscheiben um die Filets wickeln, Butter in einer Pfanne erhitzen und die Filets darin auf kleiner Flamme knusprig anbraten, vom Herd nehmen und bei geschlossenem Deckel 5 Minuten ziehen lassen.

3.

Die Schalotten schälen und klein würfeln. Olivenöl in einer Pfanne erhitzen und die Schalotten darin dünsten, 1 TL Pfeffer hinzugeben, das Ganze mit dem Hühnerfond ablöschen und die Sahne beimengen, die Soße kurz aufkochen, mit Salz und Pfeffer abschmecken und in eine Terrine füllen.

4.

Die fertig gebratenen Zanderfilets auf Tellern anrichten und mit der Soße servieren. Zu diesem Gericht gehören als Beilage Salzkartoffeln.

Für 4 Personen

Zubereitungszeit:
15 Minuten
Kochzeit:
15 Minuten

Einkaufsliste

500 g Zanderfilet
Pfeffer
Salz
8 Scheiben Bauchspeck
Butter
2 Schalotten
Olivenöl
½ l Hühnerfond
4 EL Sahne

Maibaumfest

Das Maibaumfest ist in kleinen Ortschaften und Städten in Bayern ein Wettbewerb, bei dem jede Gemeinde darauf bedacht ist, den höchsten (teilweise bis zu 30 Metern) und prachtvollsten Baum aufzustellen. Dabei hat der Maibaum in jeder Region ein anderes Aussehen. Er wird entweder mit der Rinde aufgestellt, oder die Rinde wird geschält und der Baumstamm weiß-blau angestrichen. Er kann mit bunten Bändchen behängt, mit geschnitzten Figuren verziert oder mit einem Kranz geschmückt werden. Beim Aufstellen des Baums helfen alle Bewohner eines Ortes mit, da der Baum ohne technische Hilfe aufgestellt wird und deshalb viel Kraft notwendig ist.

Oktoberfest

Das Oktoberfest in München ist ein beliebtes, großes Volksfest. Es zieht jedes Jahr mehr als 6 Millionen Besucher aus der ganzen Welt an und ist berühmt wegen des traditionsreichen Oktoberfestbiers, das extra für das Fest hergestellt wird. Natürlich bekommen Besucher nicht nur Getränke, sondern auch bayerische, kulinarische Spezialitäten gereicht. Insgesamt hält das Oktoberfest für Besucher 14 große Festzelte auf der Wirtsbudenstraße und 16 kleinere Zelte um diese Straße herum bereit. Außerdem finden jedes Jahr der bekannte Trachtenumzug sowie der Wirteeinzug statt und es werden Fahrgeschäfte für Erwachsene und Kinder angeboten.

MÜNCHEN

Fleisch

Bayerischer Schweinsbraten

Für 4 Personen
Zubereitungszeit:
50 Minuten
Garzeit: 2,5 Stunden

Einkaufsliste
1,5 kg Schweinebraten mit Schwarte
Kümmel
Pfeffer
Salz
Majoran
4 Zwiebeln
1 l Brühe
1 Apfel
1 Bund Petersilie
150 ml Pils

Keine bayerische Spezialität hat über die Grenzen Bayerns hinaus eine solch große Bedeutung erlangt wie der Schweinsbraten. Untrennbar verbunden mit der Lebensfreude und Gemütlichkeit der Landsleute, zählt er zu den beliebtesten Speisen der bayerischen Küche.

Der Tradition nach wird er in Bayern mit Gemüse wie Karotten, Sellerie und Petersilienwurzeln gebraten. Die typische Soße entsteht durch Zugabe von Fleischbrühe und Dunkelbier. Als Beilage dienen in Niederbayern zum Beispiel bayrisch Kraut und Semmelknödel, während in Oberbayern Kartoffelklöße und Blaukraut zu Tisch gereicht werden.

1.

Den Backofen auf 185 °C vorheizen. Das Schweinefleisch waschen, trocken tupfen und die Oberschicht in Karos einschneiden. Darauf achten, dass man nur die Fettschicht, aber nicht ins Fleisch schneidet.

2.

Das Fleisch mit Kümmel, Pfeffer, Salz und Majoran würzen und in einen Bräter legen.

3.

Die Zwiebeln schälen, vierteln und gleichmäßig um das Fleisch herum verteilen. Den Bräter 30 Minuten bei 185 °C in den Ofen auf die mittlere Schiene stellen.

4.

In der Zwischenzeit die Brühe in einen Topf geben, zum Kochen bringen und auf dem Herd warm stellen.

5.

Nach der Bratzeit von 30 Minuten den Bräter kurz aus dem Ofen holen und 2 Schöpflöffel Brühe hinein geben, aber nicht über das Fleisch träufeln! Den Bräter wieder in den Ofen stellen und das Fleisch weitere 30 Minuten bei 185 °C garen lassen.

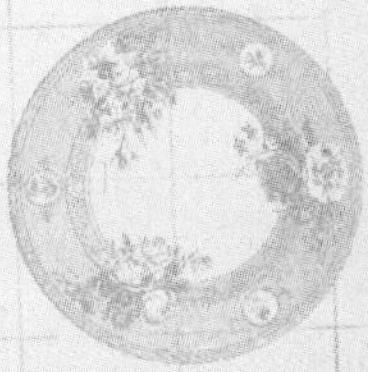

6.

In der Zwischenzeit den Apfel schälen, vierteln und den Stumpf entfernen. Die 4 Apfelteile in den Topf mit der Brühe füllen. Die Petersilie waschen und zupfen.

7.

Nach der zweiten 30-Minuten-Bratzeit den Bräter wieder aus dem Ofen nehmen, 2 Schöpflöffel Brühe und die Apfelstücke dazugegeben. Das Ganze wieder in den Ofen stellen und weitere 30 Minuten braten. Erneut den Bräter aus dem Ofen holen, wieder 2 Schöpflöffel Brühe dazugießen und den Braten weitere 30 Minuten im Ofen garen. Diese Prozedur wird noch einmal wiederholt, bis der Braten dunkelbraun ist. Dazu können Salzkartoffeln gereicht werden.

8.

5 Minuten, bevor der Braten aus dem Ofen geholt wird, das Pils über den Braten gießen. Nach der Bratzeit den Braten aus dem Ofen holen, das Fleisch abtropfen lassen und auf ein Schneidebrett legen.

9.

Den restlichen Inhalt des Bräters durch ein Sieb in einen Topf gießen und pürieren. Die Kruste vom Fleisch trennen und mit einem Messer grob hacken. Die Fettschicht vom Fleisch lösen und das Fleisch in dünne Scheiben schneiden.

10.

Das Fett von der fertigen, pürierten Soße abschöpfen, die Soße abschmecken und nach Bedarf nachwürzen.

11.

Die Fleischscheiben auf Tellern anrichten, die Soße darübergießen und obenauf etwas Kruste legen. Das Ganze mit Petersilie garnieren und servieren. Als Beilage können Kartoffelknödel mit Rotkohl oder Kartoffelsalat gereicht werden.

Fleischpflanzerl

Für 4 Personen

Zubereitungszeit: 20 Minuten

Garzeit: 20 Minuten

Einkaufsliste

2½ Semmeln
80 ml Milch
1 Zwiebel
Butterschmalz
1 Bund Petersilie
1 Knoblauchzehe
700 g gemischtes Hackfleisch
2 TL scharfer Senf
1 Ei
Majoran
Salz
Pfeffer

1.

Die Semmeln klein rupfen und in eine Schüssel füllen, die Milch dazugeben und mit den Semmeln mischen.

2.

Die Zwiebel schälen, in Würfel schneiden und in einer Pfanne mit Butterschmalz dünsten. Die Petersilie waschen und zupfen. Die Knoblauchzehe schälen und klein hacken.

3.

Das Hackfleisch, die Zwiebel, den Senf, das Ei, den Knoblauch, Majoran und die Petersilie in die Schüssel zu den Semmeln geben, den Fleischteig gut durchkneten und mit Salz und Pfeffer abschmecken.

4.

Das Fleisch zu mittelgroßen Kugeln formen. In einer Pfanne Butterschmalz erwärmen, die Fleischpflanzerl darin von allen Seiten scharf anbraten und auf mittlerer Hitze ca. 20 Minuten vollständig garen.

5.

Nach der Garzeit die Fleischpflanzerl aus der Pfanne nehmen, auf Küchenpapier legen, damit das Fett abtropfen kann, die Pflanzerl in einer Schüssel anrichten und servieren. Als Beilage eignet sich Kartoffelsalat.

Bofflamot

Für 4 Personen
Zubereitungszeit:
20 Minuten
Garzeit: 2½ Stunden
Ruhezeit: 4 Tage

Einkaufsliste
1 Bund Suppengrün
1 Zwiebel
½ l Rotwein
4 Wacholderbeeren
750 g Rindfleisch
Salz
Pfeffer
Butterschmalz
1 TL Tomatenmark
1 Nelke
1 Lorbeerblatt
Mehl

Bofflamot ist in Rotwein gebeiztes Rindfleisch, das in Bayern zu Festtagen mit Kartoffeln oder Semmelknödeln serviert wird. Napoleon Bonaparte soll diese Speise in den Freistaat eingeführt haben, deshalb auch der französische Name „Bofflamot". Vor Napoleons Zeit hieß das Gericht „Sauerbraten".

1.

Das Suppengrün putzen, waschen und in kleine Würfel schneiden. Eine Zwiebel schälen und klein würfeln.

2.

Dieses vorbereitete Gemüse in einen Topf geben, den Rotwein und die Wacholderbeeren dazufüllen, das Gemisch kurz aufkochen und abkühlen lassen.

3.

Das Rindfleisch waschen, trocken tupfen, salzen, pfeffern, in einen Bräter geben, die Beize hineinfüllen und das Fleisch 4 Tage in der Beize ruhen lassen.

4.

Nach der Ruhezeit das Fleisch aus der Beize nehmen und abtrocknen.

5.

Das Butterschmalz in einem großen Topf erhitzen, das Fleisch darin kräftig anbraten. Das Tomatenmark, die Nelke und das Lorbeerblatt dazugeben, mit der Beize aufgießen und das Fleisch 2,5 Stunden im geschlossenen Topf bei mittlerer Hitze schmoren lassen, zwischendurch mit der entstandenen Bratensoße aufgießen.

6.

Nach 1½ Stunden Garzeit die Soße nach Belieben mit etwas Mehl binden. Nach der gesamten Garzeit das Fleisch aus dem Topf heben, in Scheiben schneiden, auf einer Platte anrichten, mit der Soße garnieren und servieren. Dazu passen Semmelknödel.

Kalbsvögerl

Für 4 Personen
Zubereitungszeit:
20 Minuten
Garzeit: 2 Stunden

Einkaufsliste
2 kg Kalbshaxe
2 Zwiebeln
1 Stange Sellerie
250 g Möhren
Öl
125 ml Kalbsfond
Weißwein
Salz
Pfeffer

1.

Die Kalbshaxe waschen, mit Küchenpapier trocknen, salzen und pfeffern.

2.

Die Zwiebeln, den Sellerie und die Möhren schälen und alles in Würfel schneiden.

3.

Öl in einem Bräter erhitzen und die Kalbshaxe darin braun anbraten. Die Zwiebeln, den Sellerie und die Möhren ebenfalls in den Bräter füllen, die Haxe mit dem Kalbsfond angießen und sie im Ofen bei 200 °C 2 Stunden schmoren lassen. Ab und zu die Haxe mit dem Bratensaft beträufeln.

4.

Nach der Garzeit die Haxe aus dem Bräter nehmen, auf einen feuerfesten Teller geben und ihn in den abgeschalteten Ofen stellen.

5.

Den Bratensaft durch ein Sieb in eine Kasserolle gießen, die Bratensoße auf dem Herd kurz einkochen lassen und mit Weißwein, Salz und Pfeffer abschmecken.

6.

Die Kalbshaxe aus dem Ofen nehmen, auf einer Platte anrichten und servieren, die Bratensoße in eine Terrine füllen und separat zur Kalbshaxe zu Tisch reichen. Als Beilage passen Kartoffelknödel und Sauerkraut.

Krautwickerl

Für 2 Personen

Zubereitungszeit:
25 Minuten
Garzeit: 1 Stunde

Einkaufsliste

1 Kopf Weißkraut
1 Semmel
1 Bund Petersilie
1 Zwiebel
500 g Hackfleisch
1 Ei
1 EL scharfer Senf
Salz
Pfeffer
1 EL Butterschmalz
50 g Speckwürfel
½ l Gemüsebrühe

1.

Den Weißkrautkopf in einen Topf mit kochendem Wasser füllen und darin 10 Minuten blanchieren.

2.

Nach dem Kochen den Weißkrautkopf aus dem Topf nehmen, den Strunk herausschneiden und die Blätter voneinander trennen.

3.

Die Semmel 10 Minuten in einer Tasse mit Wasser einweichen und in eine Schüssel füllen. Die Petersilie waschen und zupfen, die Zwiebel schälen und würfeln.

4.

Das Hackfleisch, das Ei, den Senf, die Petersilie und die Zwiebel zu der Semmel in die Schüssel füllen, das Ganze zu einer Masse kneten, mit Salz und Pfeffer abschmecken.

5.

Je 2 Krautblätter aufeinander legen, je soviel Fleischmasse darauf geben, dass das Fleisch mit den Krautblättern zugedeckt und von den Blättern umschlossen werden kann.

6.

In einem Bräter Butterschmalz heiß werden lassen und die Speckwürfel darin anbraten. Die Krautwickerl dicht nebeneinander in den Bräter legen und mit der Gemüsebrühe angießen.

7.

Die Krautwickerl bei 180° C 50 Minuten im Ofen braten, auf Tellern anrichten und servieren. Dazu wird Kartoffelpüree gereicht.

Kronfleisch

Für 3 Personen

Zubereitungszeit:
15 Minuten
Kochzeit:
20 Minuten

Einkaufsliste

2 Karotten
1 Stange Lauch
1 Stück Sellerie
1 Zwiebel
Salz
750 g Zwerchfellfleisch vom Rind

1.

Die Karotten, den Lauch und den Sellerie putzen, schälen und klein schneiden. Die Zwiebel schälen und würfeln.

2.

Dieses vorbereitete Gemüse mit einer Prise Salz in einem Topf mit 1½ l Kaltwasser aufsetzen und zum Kochen bringen.

3.

Das Zwerchfellfleisch waschen, trocken tupfen und zu dem Gemüse in den Topf geben. Das Fleisch 20 Minuten kochen lassen und aus dem Topf nehmen. Das Fleisch ist gar, wenn es innen eine leichte rosa Farbe hat.

4.

Das Fleisch in Scheiben schneiden, auf Tellern anrichten und servieren. Zu diesem Gericht kommen als Beilagen Brezn und Meerrettich auf den Tisch.

Schweinshaxe

1.

Die Zwiebeln schälen und würfeln, das Suppengrün putzen und klein schneiden.

2.

1½ l Wasser in einen Topf geben, die Zwiebeln, das Suppengrün, den Weinessig, die Pfefferkörner und das Lorbeerblatt hinzugeben. Die Zutaten aufkochen lassen, mit Salz abschmecken. Die Schweinshaxe kräftig mit Kaltwasser waschen, mit Küchenpapier trocken tupfen und in den Topf legen.

3.

Die Haxe bei kleiner Hitze 1½ Stunden köcheln lassen. Nach der Kochzeit die Schweinshaxe und das Gemüse aus dem Topf nehmen und beides auf einer großen Platte anrichten. Den Sud über ein Sieb in eine Terrine füllen und mit der Haxe servieren. Dazu Senf und Brot reichen.

Für 4 Personen

Zubereitungszeit: 20 Minuten

Garzeit: 90 Minuten

Einkaufsliste

2 Zwiebeln
1 Bund Suppengrün
3 EL Weinessig
6 Pfefferkörner
1 Lorbeerblatt
Salz
1 kg Schweinshaxe
Salz

Spanferkelrücken

Für 4 Personen

Zubereitungszeit: 20 Minuten

Garzeit: 2 Stunden

Ruhezeit: 8 Stunden

Einkaufsliste

1 kg Spanferkelrücken ohne Knochen
Salz
Pfeffer
1 TL Kardamom
1 Fenchelknolle
300 ml Weißwein
200 g Schalotten

1.

Das Spanferkelfleisch waschen, trocken tupfen, salzen, pfeffern und kreuzweise einschneiden.

2.

Den Kardamom in einen Bräter füllen, die Fenchelknolle waschen, in Scheiben schneiden und mit dem Weißwein auch in den Bräter geben, alles verrühren, das Fleisch in diese Marinade legen und den Bräter über Nacht in den Kühlschrank stellen.

3.

Nach der Beizzeit den Bräter aus dem Kühlschrank nehmen, den Backofen auf 180 °C vorheizen. Die Schalotten schälen, eine Schalotte würfeln und beiseite stellen, die anderen Schalotten halbieren.

4.

Das Spanferkelfleisch aus der Marinade nehmen, die Marinade im Bräter aufkochen und mit einer Kelle abschäumen.

5.

Den Spanferkelrücken in die heiße Marinade legen und bei minimaler Hitze 10 Minuten auf dem Herd ziehen lassen. Das Fleisch umdrehen, die restlichen Schalotten zugeben.

6.

Das Fleisch mit dem Bräter in den Backofen stellen, auf der mittleren Schiene 2 Stunden bei 180 °C garen, nach Bedarf zwischendurch etwas Wasser beimischen.

7.

Nach der Garzeit den Bräter mit dem Spanferkelfleisch aus dem Ofen nehmen, das Fleisch auf einer Platte anrichten und in Scheiben schneiden, die Bratensoße durch ein Sieb in eine Terrine füllen, das Fleisch und die Soße servieren. Dazu passen Pfifferlinge und Kartoffelpüree.

Tafelspitz

Für 4 Personen
Zubereitungszeit:
20 Minuten
Garzeit: 2½ Stunden

Einkaufsliste
1 kg Tafelspitz vom Rind
Salz
Pfeffer
1 Bund Suppengrün
2 Zwiebeln
10 Pfefferkörner
2 Wacholderbeeren
1 Lorbeerblatt

1.

Die Fettreste vom Tafelspitz mit einem Messer entfernen, den Tafelspitz waschen, trocken tupfen, salzen und pfeffern. Das Gemüse vom Suppengrün putzen und in Würfel schneiden. Die Zwiebeln schälen und klein schneiden.

2.

Den Tafelspitz, das Suppengemüse, die Zwiebeln, die Pfefferkörner, Wacholderbeeren und das Lorbeerblatt in einen Topf geben und ihn mit Wasser füllen, so dass der Tafelspitz vollständig bedeckt ist, und das Ganze ohne Deckel zum Kochen bringen. Die Temperatur verringern und 2½ Stunden köcheln lassen, bis das Fleisch gar ist.

3.

Nach der Kochzeit das Fleisch aus dem Topf nehmen. Die entstandene Brühe durch ein Sieb in eine Terrine gießen und die Gemüsereste entsorgen.

4.

Den Tafelspitz auf einer Platte anrichten und in Scheiben schneiden. Die Soße und das Fleisch servieren. Als Beilage können Salzkartoffeln oder Weißbrot gereicht werden.

Zwiebelrostbraten

1.

Die Fleischscheiben flachklopfen, waschen, trocken tupfen, salzen, pfeffern und in einer Pfanne in Öl von beiden Seiten anbraten. Das Fleisch aus der Pfanne nehmen und den Bratensatz mit dem Rinderfond ablöschen.

2.

Die Zwiebeln schälen und würfeln, sie in einer zweiten Pfanne mit Butter dünsten, das Tomatenmark einrühren, etwas köcheln lassen und mit dem Rotwein ablöschen. Die Herdflamme klein stellen, den Bratensatz dazugießen und aufkochen lassen.

3.

Das Fleisch in die zweite Pfanne legen, 30 Minuten schmoren lassen und dabei immer wieder mit dem Sud beträufeln. Bereits nach 10 Minuten Kochzeit etwas Majoran hinzufügen.

4.

Nach Ende der Garzeit das Fleisch aus der Pfanne nehmen, auf Tellern anrichten, die Soße mit Salz und Pfeffer abschmecken, durch ein Sieb in eine Terrine füllen und beides servieren. Dazu reicht man Spätzle und einen grünen Feldsalat.

Für 4 Personen

Zubereitungszeit:
20 Minuten
Garzeit: 30 Minuten

Einkaufsliste

8 Scheiben Fleisch
aus der Rinderhüfte
Salz
Pfeffer
2 EL Öl
¾ l Rinderfond
3 Zwiebeln
40 g Butter
1 TL Tomatenmark
150 ml Rotwein
Majoran

Desserts & Gebäck

Allerseelenzopf

Für 4 Personen

Zubereitungszeit:
10 Minuten
Backzeit:
35 Minuten
Ruhezeit:
30 Minuten

Einkaufsliste

1 kg Mehl
30 g Hefe
500 ml Milch
100 g Zucker
Salz
200 g Butter
Puderzucker

1.

Das Mehl in eine Schüssel geben, die Hefe in der Schüssel mit den Fingern zerbröseln, etwas lauwarme Milch und 1 TL Zucker hinzufügen, den Teig kneten und an einem warmen Ort 15 Minuten ruhen lassen.

2.

Nach der Ruhezeit die restliche Milch und den Restzucker in den Teig mischen, auch das Salz und die Butter dazugeben und den Teig so lange kneten, bis Blasen entstehen. Den Teig nochmals 15 Minuten ruhen lassen.

3.

Den Teig in 4 gleich große Stücke teilen und aus ihnen einen Zopf flechten.

4.

Ein Backblech mit Butter bestreichen, den Allerseelenzopf darauflegen, in den Backofen stellen und bei 220 °C 35 Minuten backen.

5.

Nach der Backzeit den Allerseelenzopf aus dem Ofen nehmen, auf einem Holzbrett anrichten, mit Puderzucker bestreuen und servieren.

Apfelkiachl

Für 4 Personen

Zubereitungszeit:
10 Minuten

Backzeit:
15 Minuten

Einkaufsliste

4 Äpfel
3 EL Rum
4 EL Zucker
2 Eier
200 g Mehl
Salz
250 ml Milch
1 EL Pflanzencreme
½ TL Zimt
Vanilleeis

1.

Die Äpfel schälen, jeweils das Kerngehäuse mit einem Entkerner entfernen, in 1 cm dicke Ringe schneiden.

2.

Den Rum und 3 EL Zucker jeweils in eine Schale füllen und die Apfelringe zuerst in den Rum, dann in den Zucker tauchen.

3.

Die Eier, das Mehl, das Salz und die Milch in eine Schüssel füllen und mit einem Mixer verrühren.

4.

Die Pflanzencreme in eine Pfanne füllen, erhitzen, jeweils einen Apfelring in den vorbereiteten Teig tauchen, in die Pfanne geben und von beiden Seiten goldbraun backen.

5.

1 EL Zucker und ½ TL Zimt in ein Schälchen geben und miteinander mischen.

6.

Die fertig gebackenen Apfelkiachl auf Tellern anrichten, mit dem Zimtzucker bestreuen, die Teller mit je einer Portion Vanilleeis garnieren und servieren.

Auszogne

Für 4 Personen

Zubereitungszeit:
10 Minuten
Backzeit:
20 Minuten
Ruhezeit:
30 Minuten

Einkaufsliste

400 g Mehl
30 g Hefe
2 EL Zucker
200 ml Milch
40 g Butter
2 Eier
½ TL Salz
500 g Butterschmalz
Puderzucker

1.

Das Mehl in eine Schüssel geben, eine Mulde in die Mehlmitte drücken, die Hefe darin mit den Fingern zerkleinern und den Zucker zugeben.

2.

Die Milch in die Mulde auf die Hefe gießen und das Gemisch zu einem Teig kneten. Die Schüssel mit einem Küchentuch zudecken und den Teig 15 Minuten gehen lassen.

3.

Nach der Ruhezeit die Butter, die Eier und das Salz zu dem Vor-Teig geben und alle mit einem Mixer verrühren. Den Teig wieder mit dem Küchentuch zudecken und noch einmal 15 Minuten ruhen lassen.

4.

Aus dem gesamten Teig mit einem Löffel 8 Stück Teig nehmen und 8 Teigscheiben mit je ca. 12 cm Durchmesser formen. Diese Scheiben müssen in der Mitte dünn sein und einen dicken Rand haben.

5.

Das Butterschmalz in einem Topf auf 170 °C erhitzen. Jeweils eine Teigscheibe vorsichtig in das heiße Schmalz legen. Sobald die Teigscheibe auf einer Seite goldbraun ist, sie mit einer Gabel wenden und die andere Seite ebenfalls goldbraun backen.

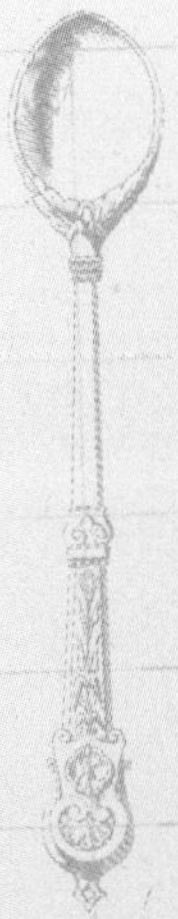

6.

Die Teigscheiben nach dem Frittieren aus dem Topf nehmen, sie auf Küchenpapier zum Abtropfen legen, auf Tellern anrichten, mit Puderzucker bestreuen und servieren.

Bavesen

Für 4 Personen

Zubereitungszeit:
10 Minuten
Backzeit:
20 Minuten
Ruhezeit:
15 Minuten

Einkaufsliste

½ l Milch
8 Weißbrotscheiben
200 g Zwetschgenmus
2 Eier
3 EL Zucker
150 g Butterschmalz
Zimtzucker

1.

Die Milch in eine Schüssel füllen. Die Weißbrotscheiben durch die Milch ziehen, auf ein Holzbrett legen und 15 Minuten ruhen lassen.

2.

Nach der Ruhezeit 4 Weißbrotscheiben mit Zwetschgenmus bestreichen und auf das Mus je eine von den restlichen Weißbrotscheiben legen.

3.

Von den 2 Eiern das Eiweiß mit dem Zucker in eine Schüssel geben und mit einem Mixer verrühren. Die Weißbrotscheiben jeweils oben und unten mit einem Pinsel mit dem gezuckerten Eiweiß bestreichen.

4.

Das Butterschmalz in einem Topf erhitzen und die Weißbrote im 170 °C heißen Fett von jeder Seite goldbraun backen.

5.

Nach dem Frittieren die Bavesen zum Abtropfen auf Küchenpapier legen, sie auf Tellern anrichten, mit Zimtzucker garnieren und servieren.

Kaiserschmarrn

1.

Die Rosinen 30 Minuten in einer Tasse mit dem Rum einweichen und auf Küchenpapier abtropfen lassen.

2.

Das Mehl mit der Sahne und der Milch in eine Schüssel geben, eine Prise Salz beimischen, von den Eiern die Eigelbe in den Teig mengen, alles mit einem Mixer verrühren und den Teig 30 Minuten ruhen lassen.

3.

Nach der Teigruhe-Zeit die Eiweiße mit dem Vanillezucker in einer Schüssel steif schlagen und das Gemisch unter den Teig rühren.

4.

Die Butter in einer Pfanne auslassen und die Mandelsplitter hinzugeben. Den Teig in die Pfanne füllen, glatt streichen und die Rosinen über den Teig streuen. Den Teig 5 Minuten bei mittlerer Hitze goldbraun backen, wenden und von der anderen Seite goldgelb backen.

5.

Nach der Backzeit den Kaiserschmarrn aus der Pfanne heben, auf eine Holzplatte legen und mit einem Holzlöffel in mundgerechte Stücke reißen. Den Kaiserschmarrn auf Tellern anrichten, mit Puderzucker bestreuen und mit Vanillesoße servieren.

Für 2 Personen

Zubereitungszeit:
15 Minuten
Backzeit:
10 Minuten
Ruhezeit:
30 Minuten

Einkaufsliste

40 g Rosinen
3 EL Rum
100 g Mehl
4 EL Sahne
⅛ l Milch
Salz
3 Eier
1 Päckchen Vanillezucker
30 g Butter
30 g Mandelsplitter
Vanillesoße

Bayerische Creme

Für 4 Personen
Zubereitungszeit:
30 Minuten
Ruhezeit: 6 Stunden

Einkaufsliste
1 Vanilleschote
4 Blatt Gelatine
½ l Milch
4 Eier
100 g Zucker
250 g Sahne
Himbeersoße

1.

Die Vanilleschote aufschneiden, das Mark auskratzen, in einen Topf füllen, die Gelatine dazugeben und das Ganze in etwas kaltem Wasser einweichen.

2.

Die Milch in einem Topf zum Kochen bringen. Die Eigelbe der 4 Eier mit dem Zucker in einen anderen Topf rühren, die Milch unter ständigem Schlagen langsam in den Ei-Zucker-Topf geben und auf dem Herd bei leichter Hitze unter ständigem Rühren eindicken lassen. Die Milchcreme darf nicht aufkochen, da sie sonst gerinnt.

3.

Die Creme von der Kochstelle nehmen, die Gelatine ausdrücken und in die Creme rühren. In eine Schüssel ein paar Eiswürfel füllen, die Creme beimischen und unter ständigem Schlagen erkalten lassen.

4.

Die Sahne mit einem Mixer steif schlagen. Wenn die Creme zu erstarren beginnt, die steif geschlagene Sahne unterheben. Die Creme in eine mit kaltem Wasser ausgespülte Form füllen. Die Creme für mind. 6 Stunden im Kühlschrank fest werden lassen.

5.

Die fertige Creme in Schälchen anrichten, mit Himbeersoße garnieren und servieren.

Guglhupf

Für 4 Personen
Zubereitungszeit:
20 Minuten
Backzeit:
40 Minuten
Ruhezeit:
1½ Stunden

Einkaufsliste
75 g Rosinen
4 EL Rum
4 EL Milch
100 g Zucker
1 Würfel Hefe
500 g Mehl
5 Eier
250 g Butter
40 g Mandelblättchen
Puderzucker

1.

Die Rosinen und den Rum in eine Tasse füllen und ziehen lassen.

2.

Die Milch, den Zucker und die Hefe in eine Schüssel geben und mit einem Mixer verrühren, dabei langsam das Mehl unterheben, nacheinander die Eier und auch die Butter beimischen und den Teig mit dem Mixer so lange rühren, bis er geschmeidig ist.

3.

Den Teig 30 Minuten zugedeckt an einem warmen Ort gehen lassen. Nach der Ruhezeit den Teig auf einer mit Mehl bestäubten Arbeitsplatte nochmals mit den Händen kneten und die Rosinen beimischen. Den Teig erneut eine halbe Stunde zugedeckt ruhen lassen.

4.

Eine Guglhupfform mit Butter bestreichen und mit den Mandelblättchen bestreuen. Den Teig zu einer Rolle formen, in die Backform legen und die Teigenden fest zusammendrücken.

5.

Den Teig wieder eine halbe Stunde zugedeckt gehen lassen und nach der Ruhezeit bei 170 ° 40 Minuten im Ofen backen.

6.

Nach der Backzeit den Guglhupf auf ein Kuchengitter stürzen, auskühlen lassen, auf ein Holzbrett stellen, den Kuchen mit Puderzucker bestreuen und servieren.

Lebkuchen

Für 4 Personen
Zubereitungszeit:
20 Minuten
Backzeit:
20 Minuten
Ruhezeit:
18 Stunden

Einkaufsliste
2 Eier
125 g Zucker
25 g Zitronat
25 g Orangeat
Salz
Hirschhornsalz
125 g Mehl
50 g gehackte Mandeln
1 TL Lebkuchengewürz
Backoblaten
1 EL Zitronensaft
Puderzucker

1.

Die Eier mit dem Zucker in eine Schüssel geben, schaumig rühren und das Zitronat und Orangeat unterrühren, auch je eine Prise Salz und Hirschhornsalz, das Mehl, die Mandeln, das Lebkuchengewürz sowie 1 EL Wasser dazugeben und den Teig durchkneten.

2.

Nach der Teig-Zubereitung muss der Teig 6 Stunden ruhen. Nach der Ruhezeit ein Backblech mit Backpapier auslegen, die Oblaten auf das Backpapier legen und den Teig auf die Oblaten verteilen. Das Backblech in den Ofen schieben und darin den Teig 12 Stunden trocknen lassen.

3.

Nachdem der Teig getrocknet ist, muss er im vorgeheizten Backofen bei 160° C 20 Minuten backen. Dabei den Ofen mit Hilfe eines Holzlöffels ein Stück offen halten, damit die Feuchtigkeit aus dem Teig weichen kann.

4.

Nach der Backzeit die Lebkuchen aus dem Ofen nehmen und auskühlen lassen, den Zitronensaft, 1 EL Wasser und 100 g Puderzucker in einer Schüssel verrühren und die Lebkuchen mit diesem Kuchenguss bestreichen. Die fertigen Lebkuchen auf einem Teller anrichten und servieren.

Walnussmakronen

1.

Den Backofen auf 130 °C vorheizen.

2.

Von den Eiern die Eiweiße in eine Schüssel geben und mit einem Mixer steif schlagen. Nach und nach den Zucker, je eine Prise Zimt und Bittermandel-Aroma beimischen. Auch die Nüsse in die Schüssel füllen und mit einem Löffel den Eischnee unterheben, aber nicht umrühren.

3.

Backpapier auf ein Backblech legen, von dem Teig mit einem Esslöffel kleine Stücke abnehmen, sie auf das Backblech setzen, in den Ofen schieben und 20 Minuten bei 130 °C backen.

4.

Nach der Backzeit die Walnussmakronen aus dem Ofen nehmen, abkühlen lassen, auf einem Teller anrichten und servieren.

Für 4 Personen

Zubereitungszeit:
15 Minuten
Backzeit:
20 Minuten

Einkaufsliste

4 Eier
200 g Zucker
Zimt
Bittermandel-Aroma
350 g gemahlene Walnusskerne

Topfenstrudel

Für 4 Personen

Zubereitungszeit:
25 Minuten
Backzeit:
45 Minuten
Ruhezeit:
30 Minuten

Einkaufsliste

125 g Weizenmehl
1 Prise Salz
2 Eier
2 EL Öl
80 g Butter
40 g Zucker
1 EL Zitronensaft
250 g Magerquark
2 EL Schlagsahne
50 g Rosinen
Puderzucker
Vanillesoße

1.

Das Mehl in eine Rührschüssel geben, eine Prise Salz, 1 Ei, 2 EL Wasser, 2 EL Öl hinzugeben und die Zutaten mit einem Mixer zu einem Teig rühren.

2.

In einem Topf Wasser aufkochen, den Topf ausgießen und abtrocknen, Backpapier in den Topf legen und den Teig auf das Papier füllen, den Topf mit einem Deckel verschließen und den Teig 30 Minuten ruhen lassen.

3.

Ein Backblech mit Backpapier belegen und den Backofen auf 180°C vorheizen.

4.

Für die Teigfüllung 40 g Butter in eine Schüssel geben, nach und nach 40 g Zucker, 1 Ei, 1 EL Zitronensaft, 250 g Magerquark, 2 EL Schlagsahne und 50 g Rosinen dazugeben und alles mit einem Mixer verrühren.

5.

Den beiseite gestellten Teig aus dem Topf nehmen, halbieren und auf einem mit Mehl bestäubten Küchentuch zu je einem Rechteck (30 x 40 cm) ausrollen.

6.

Die restlichen 40 g Butter in einem Topf zerlassen und die 2 Teig-Rechtecke mit der zerlassenen Butter bestreichen. Auf jedes Teig-Rechteck jeweils die Hälfte der Füllung geben, dabei die Füllung in einem dicken Streifen auf je einer Längsseite des Strudels verteilen und auf der anderen Längsseite des Teigs einen 5 cm breiten Rand freilassen. Den freien Teigrand über die Füllung klappen, mit Hilfe des Küchentuches den Teig umdrehen und die Teigenden fest zusammendrücken.

7.

Ein Backblech mit Butter fetten und die fertigen Strudel mit der Naht nach unten auf das Blech legen, in den Backofen schieben und bei 180 °C 30 Minuten backen, nach dieser Backzeit die obere Teighälfte der Strudel mit dem Rest der zerlassenen Butter bestreichen und die Strudel weitere 15 Minuten im Ofen backen.

8.

Nach dem Backen die Strudel aus dem Ofen nehmen, auf Tellern anrichten, mit Puderzucker bestreuen und mit reichlich Vanillesoße servieren.

Aprikosenbrot

Für 8 Personen
Backzeit:
40 Minuten
Zubereitungszeit:
30 Minuten
Ruhezeit:
65 Minuten

1.

Das Orangeat in eine Schüssel geben, mit einem Teelöffel Rum übergießen und in Würfel schneiden, die Rosinen in eine andere Schüssel füllen und den übrigen Rum darüberträufeln.

2.

Das Mehl in eine Schüssel füllen und in die Mitte eine Mulde drücken. Die Milch in einem Topf erwärmen und die Hefe darin auflösen. Die Milchmasse in die Mehlmulde gießen und mit etwas Mehl vom Schüsselrand zu einem Vorteig rühren; diesen mit etwas Mehl bestäuben und zugedeckt an einem warmen Ort 15 Minuten gehen lassen, bis sich an der Mehloberfläche Risse zeigen.

3.

Inzwischen drei Eigelbe, den Vanillezucker, eine Prise Salz und einen Spritzer Zitronensaft mit einem Mixer schaumig schlagen. Die Butter in einer separaten Schüssel ebenfalls schaumig rühren. Den Eigelbschaum mit dem reifen Vorteig mischen, dann die schaumige Butter hinzugeben und das Ganze zu einem glatten Teig kneten, bei Bedarf noch etwas Mehl beimengen.

4.

Die Rumrosinen mit dem Orangeat in den Hefeteig kneten und ihn zugedeckt 20 Minuten gehen lassen. Den Backofen auf 170 °C vorheizen.

5.

Nach der Ruhezeit den Teig mit wenig Mehl zu einem Brotlaib kneten und mit der Nahtseite nach unten auf ein mit Backpapier belegtes Backblech setzen. Die Teig-Oberfläche mit Öl bestreichen, rautenförmig mit einem Messer einritzen, mit einem Tuch bedecken und an einem warmen Ort nochmals 30 Minuten stehen lassen.

6.

Nach der Ruhezeit den Teig im Ofen bei 170 °C 40 Minuten backen, aus dem Ofen nehmen und abkühlen lassen.

7.

Die Aprikosenmarmelade mit 2 Esslöffeln Wasser in einem Topf aufkochen lassen, verrühren und das Aprikosenbrot damit bestreichen. Den Puderzucker mit 2 Esslöffeln Wasser und einem Spritzer Zitronensaft in einer Schüssel verrühren, das Brot damit glasieren und auf einem Holzbrett servieren.

Einkaufsliste

30 g Orangeat
3 EL Rum
80 g Rosinen
250 g Mehl
75 ml Milch
20 g Hefe
3 Eier
20 g Vanillezucker
Salz
Zitronensaft
75 g Butter
Öl
80 g Aprikosenmarmelade
50 g Puderzucker

Bayerische Spezialitäten
Wissenswertes

Traditionell bayerische Beilagen

Wer nach Bayern fährt, will die Vielfalt der Landschaft genießen, Feste feiern und die regionale Küche kennenlernen. Und die hat viele bayerische Speisen zu bieten, darunter sind Originale, von denen jeder schon einmal gehört hat, zum Beispiel bayerisch Kraut, bayerische Semmelknödel und Bierwurst.

Bayerisch Kraut

Bayerisch Kraut ist auch als Weißkraut bekannt. Es wird in der Regel mit Essig, Fleischbrühe, Schweineschmalz und Zucker zubereitet und der Tradition nach warm und kalt als Sauerkraut oder als Krautsalat serviert. Man reicht es als Gemüsebeilage zu Fleischgerichten aller Art, und es ist sowohl roh als auch gekocht eine Delikatesse.

Schon in der Antike war Weißkraut bei den Griechen, Römern und Kelten sehr beliebt, außerdem als Arzneimittel bekannt und wurde in Form von Wickeln bei Gicht, Prellungen oder Rheuma verwendet.

Bayerische Semmelknödel

Bayerische Semmelknödel sind aus Eiern, Milch und Zwiebeln geformte Kugeln, die in Wasser gekocht werden. Die Einheimischen essen sie zur Fleischsuppe, zur Gans und zum Schweinebraten.

Bayern kann durchaus als Knödelland betrachtet werden. Die hiesigen Einwohner beteuern sogar, dass sie den Semmelknödel erfunden haben. Überliefert ist außerdem die „Deggendorfer Sage". Sie erzählt die Geschichte einer Bürgermeisterfrau, die sich im 13. Jahrhundert gegen eine Besetzung Deggendorfs durch die Garde von König Ottokar wehrte und seine Gefolgschaft mit Knödeln in die Flucht schoss.

Bierwurst

Die Bierwurst ist in Bayern auch als Bierkugel bekannt, weil sie eine runde Form hat. Ihr Name bedeutet nicht, dass die Wurst aus Bier besteht, sondern diese Wurst wird mit Bier zu Brot oder einem herzhaften Abendessen kalt und in dicke Scheiben geschnitten verspeist.

Alle bayerischen Metzger stellen die Bierwurst her. Zu den Hauptzutaten gehören Rind- und Schweinefleisch. Die exakte Zusammensetzung der Zutaten ist den Bayern sehr wichtig, sie ist im Deutschen Lebensmittelbuch festgelegt worden.

Traditioneller bayerischer Käse

Bayern gilt in Deutschland als Milch- und Käseland Nummer eins. 40 Prozent der deutschen Käseerzeugnisse stammen aus dieser Region. Mehr als 400 Sorten Käse und 7 Millionen Tonnen Milch werden pro Jahr in Bayern hergestellt.
Die Klassiker der bayerischen Käsesorten werden im Folgenden vorgestellt.

Camembert und Brie

Camembert hat in Bayern eine 100 Jahre alte Tradition. Er besteht aus runden, flachen Laiben (bis zu 400 Gramm schwer) und ist mit weißem Schimmel überzogen. Der großer Bruder des Camembert ist der 3 Kilogramm schwere Brie. Beide Weichkäse haben einen milden aromatischen Geschmack, der mit zunehmender Reife würziger wird.

Emmentaler und Allgäuer Emmentaler

Der Emmentaler zählt zu den Hartkäsen. Er hat eine glatte Rinde und sein Laib ist von kirschgroßen Löchern durchsetzt. In seiner Reifezeit von mindestens 2 Monaten entwickelt er einen nussigen Geschmack, der mit einer längeren Lagerung intensiver wird.

Der Name „Allgäuer Emmentaler" ist europaweit geschützt. Die Milch des Allgäuer Emmentalers muss aus der Region der Allgäuer Alpen stammen und dort zu dem genannten Käse verarbeitet werden. Seine Reifezeit beträgt 3 Monate.

Bergkäse und Allgäuer Bergkäse

Der Bergkäse ist ein würziger, nussig schmeckender Hartkäse mit einer dunkel schattierten Rinde. Sein Inneres hat Löcher, die erbsengroß sind. Seine Reifung dauert mindestens 3 Monate.

Allgäuer Bergkäse ist Bergkäse, dessen Milch aus den Allgäuer Alpen stammt und die dort zu Allgäuer Bergkäse verarbeitet wird. Dieser Käse wird aus Rohmilch hergestellt und reift mindestens 4 Monate.

Bayerischer Edelpilzkäse

Bayerischer Edelpilzkäse ist ein Naturkäse, der im Innern blaugrünen Edelschimmel enthält. Er wird in Bayern seit 1927 hergestellt. Er hat einen runden Laib, im Innern kleine Löcher und schmeckt leicht säuerlich.

Traditionell bayerisches Bier

Mehr als 50 Prozent der Brauereien Deutschlands haben ihre Heimat in Bayern. Bayerns Brauer verwenden keine Zusätze wie Farb- und Konservierungsstoffe, Stabilisatoren oder Geschmacksverstärker. Diese für Bayern typische Art der Bierherstellung geht auf das bayerische Reinheitsgebot von 1516 zurück, das bis heute für das Brauen von bayerischem Bier gilt.

Demnach soll Bier nur aus Hefe, Hopfen, Malz und Wasser bestehen. Diese Rohstoffe stammen meist aus der hiesigen Region. Denn Bayern ist eines der weltweit größten Anbaugebiete für Braugerste. Zudem gibt es in der Hallertau das größte zusammenhängende Hopfenanbaugebiet der Welt.

Die Geschichte des bayerischen Bieres

Als Bierland ist Bayern seit vielen Jahrhunderten auf der ganzen Welt bekannt.

Knapp 650 Brauereien sind in Bayern ansässig, die pro Jahr ca. 20 Millionen Hektoliter Bier produzieren, allen voran natürlich das Weißbier, auch Hefeweizen genannt.

Der Ursprung des Weizenbieres geht mindestens ins zweite vorchristliche Jahrtausend zurück. Als Beleg dafür dient der Codex Hammurabi, eine babylonische Gesetzessammlung, die Preisbestimmungen für Weißbier enthält.

Die Europäische Union hat die Bezeichnung „Bayerisches Bier" 2001 als geschütztes geografisches Gut festgeschrieben. Dabei gilt, dass bayerisches Bier nur als solches bezeichnet werden darf, wenn dieses Bier in Bayern hergestellt und nach dem bayerischen Reinheitsgebot gebraut wurde. Mit diesem Qualitätsstandard will die EU regionaltypische Spezialitäten fördern, traditionelle Herstellungsverfahren erhalten und Produktnamen vor Missbrauch und Nachahmung schützen.

Die Bayerische Bierkönigin

Repräsentantin des Bayerischen Bieres ist im Jahr 2009 zum ersten Mal die Bayerische Bierkönigin. Das hat der Bayerische Brauerbund in München beschlossen. Die Bierkönigin wird die bayerische Bierkultur in Bayern als auch in anderen Bundesländern und im Ausland präsentieren.

Jede Frau, die über 18 Jahre alt, in Bayern geboren und aufgewachsen ist, kann sich für dieses Amt beim Bayerischen Brauerbund bewerben.

Die Biersorten

Bayern hat als Bierland Tradition. Dort gibt es 4.000 unterschiedliche Biermarken, und es werden 40 unterschiedliche Biersorten gebraut. Zu den wichtigsten Biersorten gehören Helles, Pils, Starkbier und Weißbier. Sie werden im Folgenden vorgestellt.

Helles

Ein Viertel der bayerischen Bierproduktion, das sind knapp 6 Millionen Hektoliter pro Jahr, entfällt auf helles Lagerbier. Es ist die zweitstärkste Biersorte in Bayern. Jahrzehntelang stand es auf Platz eins der bayerischen Biersorten-Statistik, wurde aber vor ein paar Jahren durch den anhaltenden Weizenbier-Trend von seinem Spitzenplatz verdrängt.

Pils

Die Hochburg der bayerischen Pilsbrauer liegt in Franken. Das weiche, fränkische Wasser und der feine Aromahopfen aus den heimischen Hopfengärten geben dem Pils sein einzigartiges, weich-herbes Aroma. Das Pils hat in Bayern einen Ausschankanteil von knapp 15 Prozent. Zirka 3,5 Millionen Hektoliter Pils werden im Jahr hergestellt.

Starkbier

Das Starkbier ist eine Bierspezialität, die in Bayern genossen werden will. Nicht umsonst gehören die Weihnachtsbock-, Fastenbock- oder Maibockfeste zu den beliebten Ereignissen im Sudjahr vieler Brauereien. Der Anteil der pro Jahr in Bayern ausgeschenkten Starkbiere liegt mit 300.000 Hektolitern bei 1,3 Prozent.

Weißbier

Weißbier, auch als Weizenbier bekannt, ist ein Gaumenschmaus für Kenner und eine typisch bayerische Bierspezialität. Bayern ist mit Abstand das Weizenbier-Land Nummer eins. Mehr als 1.000 unterschiedliche Weißbiermarken und knapp 8 Millionen Hektoliter Weizenbier werden in Bayern pro Jahr gebraut. Der Anteil am Gesamtausschank beträgt 35 Prozent.

Traditionell bayerischer Wein

Bayern ist nicht nur eine Welt des Bieres, sondern auch des Weines, der in Franken beheimatet ist. Knapp 6.000 Hektar Weinberge und 7.000 Winzer liefern einige der besten Rot- und Weißweine der Welt. Zu den bayerischen Weinsorten gehören zum Beispiel Bacchus, Blauer Spätburgunder, Kerner, Müller-Thurgau, Riesling und Silvaner.

Die Geschichte des fränkischen Weines

„Schicke mir noch einige Würzburger, denn kein anderer Wein will mir schmecken", soll Goethe in einem Brief von seinem Lieblingswein aus Franken geschwärmt haben. Damit brachte er eine Leidenschaft zum Ausdruck, die viele Menschen bis heute teilen.

Der fränkische Weinbau geht bis in das 8. Jahrhundert zurück. Vor allem Klösterbrüder bauten damals Reben zur Herstellung von Messwein an. Heutzutage wetteifern die fränkischen Winzer bei ihrer Weinleidenschaft um internationale Preise.

Zur fränkischen Weintradition gehört der Bocksbeutel, eine bauchige Weinflasche, die schon bei den Römern Einzug hielt. In der heutigen Zeit werden ca. 40 Prozent des Frankenweines in ein Liter großen Bocksbeuteln verkauft.

Die Fränkische Weinkönigin

Seit mehr als 50 Jahren gibt es die Fränkische Weinkönigin, die als Ehrenamt ein Jahr lang den fränkischen Wein im Ausland und in Deutschland repräsentiert.

Die Fränkische Weinkönigin wird von einer Jury gewählt. Sie muss bei ihrer Bewerbung 18 Jahre alt sein und aus einer fränkischen Winzerfamilie stammen.

Die Rebsorten

Zu einem guten Wein gehört eine gesunde, reife Traube. Zudem beeinflussen klimatische Bedingungen, die Beschaffenheit des Weinbergbodens und die Rebsorte die Qualität eines Weines. 52 Rebsorten sind für Franken nachgewiesen; zu den bekanntesten zählen Kerner, Müller-Thurgau, Riesling und Spätburgunder. Sie werden nachfolgend vorgestellt.

Kerner

Die Rebsorte Kerner ist aus einer Kreuzung der Rotweinsorte Trollinger mit der Weißweinrebsorte Riesling in Weinsberg entstanden. Die Weißweinsorte Kerner gedeiht auf Lagen, die wegen ihres Muschelkalkgehaltes im Boden für die eingesetzte Rebsorte Silvaner besonders geeignet sind. Dieser Wein ähnelt in seinem frischen, rassigen Geschmack dem Riesling, übertrifft diesen aber im Ertrag deutlich.

Müller-Thurgau

Mit seinem duftigen und blumigen Bukett und seiner frühen Reife bringt der Müller-Thurgau einen guten Ertrag mit sich. Er ist ein exzellenter Schoppenwein, vor allem, wenn er aus den Keuperböden des Steigerwaldes stammt. Nahezu 50 Prozent der fränkischen Anbaufläche macht der Müller-Thurgau aus.

Riesling

Die Rebsorte Riesling gilt als Königin unter den Weißweinen. Sie stellt hohe Ansprüche an ihren Standort und reift im Spätherbst. Riesling-Weine sind gekennzeichnet durch ein fruchtiges Bukett und eine feine Säure. Sie verfügen über eine gute Lagerfähigkeit und eine lange Haltbarkeit in der Flasche.

Spätburgunder

Die Rebe Spätburgunder steht an der Spitze der Qualität bei den fränkischen Rotweinen. Sie hat so große Bedeutung erlangt und ist so begehrt, dass sie zu den Edelreben zählt. Sie gedeiht auf warmem, fruchtbarem Boden und bringt feingewürzte Weine mit rubinroter Farbe hervor.

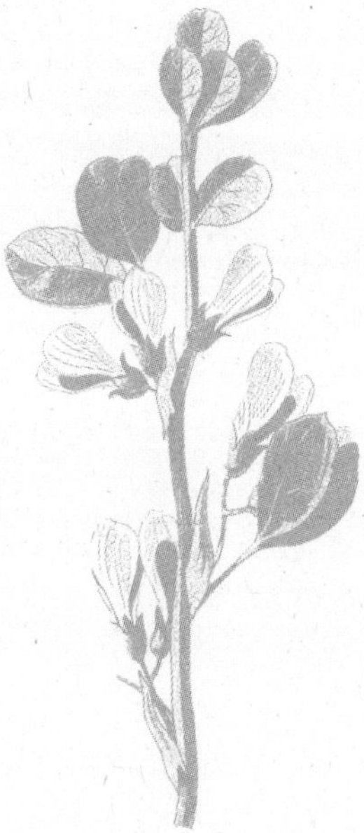

Register

Register

Bildnachweis

Fotolia: Seiten 8, 9, 10, 51, 73, 74, 110, 111

agilarchiv: Sämtliche Stiche